Muktananda Paramahamsa

KUNDALINI

Die Erweckung der kosmischen Energie im Menschen

AURUM VERLAG
FREIBURG IM BREISGAU

Die autorisierte deutsche Übersetzung aus dem Englischen besorgte
H. G. Radbruch

1979
ISBN 3 591 08115 9

Gesamtherstellung: Landsberger Verlagsanstalt
Martin Neumeyer, Landsberg a. Lech.
Printed in Germany.

VORWORT

Kernprobleme unseres Daseins, die wir mit dem Begriff »Yoga« und »Kundalini« verbinden, werden in dieser kleinen Schrift aus dem geheimnisvollen Dunkel der Mystik in das Licht sachlichen Verständnisses gerückt. Indem der Verfasser, Muktananda Paramahamsa, der in Indien wie im Westen anerkannte große Wissende unserer Zeit, mit wissenschaftlicher Klarheit die subtilen Vorgänge erläutert, welche dem Begriff »Kundalini« zugrunde liegen, verhilft er dem ernsthaft Suchenden zu einem entscheidenden Schritt von der Glaubensannahme zum *Verständnis* – zu einem neu fundierten Verständnis, das nicht mehr fern vom Diesseits des »Erkennens« liegt.

Hinter uns liegen Jahrhunderte, in denen der Weg durch mystisches Glaubensdunkel der einzige Weg zu verwirklichter Erkenntnis schien. Diese kleine Schrift eines Erleuchteten unserer Tage ist ein Beweis dafür, daß auch die vernünftige Sachlichkeit unserer Epoche zu letzten Erkenntnissen führen kann, wenn sachliche Information über subtilste Vorgänge mit wahrer, hingebungsvoller Suche zusammengeht.

Dies ist eine Schrift, die jedem, der sich mit Yoga beschäftigt, jedem, der das Element des Göttlichen und der Wahrheit in unserer Welt zu erkennen sucht, einen unschätzbaren Dienst leisten kann.

Der Übersetzer

KUNDALINI: DAS GEHEIMNIS DES LEBENS

Unser Lebenswunsch ist es, glücklich zu werden. All unser Tun ist von diesem Ziel her motiviert. Wir heiraten nicht, um einen Partner zu finden, sondern um glücklich zu werden. Kinder haben wir nicht um der Kinder willen, sondern um mit ihnen glücklich zu sein. Künste und Handfertigkeiten erlernen wir der Erfüllung wegen, die ihre Ausübung mit sich bringt. Unser ganzes Leben ist auf das Streben nach Glück ausgerichtet.

Tatsächlich ist es nicht verwunderlich, daß der Mensch nach Glück strebt, denn Glückseligkeit ist unsere wahre Natur. Unser inneres Selbst ist die Verkörperung reiner Glückseligkeit. Die Upanishaden lehren, das gesamte Universum sei aus der Vibration göttlicher Glückseligkeit entstanden. Aus dieser Strahlung ist es geschaffen, in dieser Strahlung existiert es und es wird mit dieser Glücksschwingung schließlich verschmelzen. Diese Strahlung, diese Glückseligkeit, die von Gott her kommt, ist unser Geburtsrecht. Trotzdem hat der Mensch die wahre Quelle des Glücks nicht gefunden, hat nicht gelernt, wie es zu erlangen ist, und ist deshalb nicht glücklich. Es heißt, daß man in dem Maße zunehmend Glück erlebt, in dem man dem inneren Selbst näher kommt. Tatsächlich erfahren wir diese innere Beglückung auch im täglichen Leben. Morgens gleich nach dem Erwachen gibt es einen Augenblick, in dem das Gemüt völlig still ist; in diesem Augenblick erleben wir jene glückliche innere Stille. Nach einem guten Essen gibt es auch einen Augenblick, in dem sich der Geist nach innen wendet und jene Zufriedenheit uns erfüllt. Sehen Freunde sich nach langer Trennung wieder und umarmen einander, so ist da auch dieser Augenblick der Innerlichkeit, in dem jene Freude erlebt wird. Das innere Glück ist also in unserem Leben gegenwärtig. Nur weil wir beständig glauben, das Glück müsse von außen kommen, verlieren wir die Verbindung mit ihm.

Das Glück liegt inwärtig. Um es zu erlangen, müssen wir uns nach innen wenden. Das innere Selbst ist von Glück erfüllt. Dies Selbst zu erfahren, dem Selbst näher zu kommen – deshalb meditieren wir und üben Yoga aus.

Dies Wissen um das Selbst benötigen wir dringend. Nur weil uns dies Wissen fehlt, das die Erkenntnis wahrer Menschlichkeit bedeutet, geschehen überall so viele schreckliche Dinge. Weil die Menschen die Grundlagen ihres Menschseins vergessen haben, gibt es Haß zwischen Ländern, Haß zwischen Völkern, nimmt die Gewaltsamkeit überall zu. Um seine Menschlichkeit zurückzugewinnen, muß der Mensch erkennen, was er wirklich ist: Er muß sein eigenes Selbst erkennen. Wie kann man andere achten, wenn man sich nicht selbst erkennt und achtet? Deshalb sollte der Mensch zunächst sein Selbst wissen.

In jedem menschlichen Wesen liegt eine göttliche Energie, Kundalini genannt. Diese Energie hat zwei Aspekte: Der eine manifestiert die irdische Existenz, der andere führt in die höchste Wahrheit. Der irdische Aspekt dieser Energie funktioniert bestens, der innere hingegen ruht, er schläft. Wenn die innere Kundalini-Energie erweckt wird, löst sie verschiedenartige Yoga-Prozesse in uns aus und führt uns auf die Bewußtseinsebene des Selbst. Aus diesem Grunde ist keine Wissenschaft von größerer Bedeutung als das Wissen um Kundalini.

DIE NATUR VON KUNDALINI

Kundalini ist heutzutage in aller Munde, und viele gibt es, die Kundalini zu erwecken suchen. Tatsächlich wird in fast jedem Lande, bei jeder Sekte in der einen oder anderen Form von Kundalini gesprochen und sie wird auch in größerem oder auch geringerem Maße erfahren. Auf japanisch nennt man sie *Ki*, im Chinesischen nennt man sie *Chi*. Die christlichen Schriften nennen sie den Heiligen Geist. In Indien sagen wir »Kundalini«. Was ist diese Kundalini?

Kundalini ist ihrem Wesen nach *Shakti*, die höchste schöpferische Energie des Universums, der aktive Aspekt Shivas, des formlosen, eigenschaftslosen, höchsten Absoluten. Shakti ist die Kraft Shivas, seine Energie; man nennt sie deshalb auch *shaiva kundalini*. Ohne sie kann Shiva in dieser Welt nicht tätig werden. Shakti ist es, die das gesamte Universum erschafft. Wie die Hitze, die alles verbrennen kann, vom Feuer nicht verschieden ist, so ist Shakti nicht von Shiva unterschieden. Kundalini ist eins mit *Parabrahman*, dem Absoluten. Ihre Natur ist *sat*, *chit* und *ananda*, d. i. Sein (Existenz), Bewußtsein und unbegrenzte Glückseligkeit. Sie ist Gott in seiner Form als Ton, der ursprünglichen Schwingung des Absoluten, die das Universum hervorgebracht hat. Sie ist die Kraft der Schöpfung und manifestiert sich durch alle Namen, Formen und Veränderungen, die wir »die Welt« nennen. Die Überlieferungen sagen, sie sei von der Form der Laute des Alphabets. Alle Buchstaben sind ihre Schöpfung; sie ist es, die Ton und Klang, Alphabet und Sprache hervorgebracht hat. So ist sie in jedem Buchstaben des Alphabets vom ersten bis zum letzten lebendig. In *mantras* ist sie *matrika*, d. i. Buchstaben, und in Worten ist sie Wissen. Auf dem Pfad der Glückseligkeit nennt man sie *ananda*. Für Yogi ist sie das Ziel, das er in seinem Yoga zu erreichen sucht. Verehrer singen ihren Namen voll Selbsthingabe, sie wird zum Objekt ihrer Liebe. Die von Erkenntnis Erleuchteten nehmen sie in allen Formen und Erscheinungen des Universums wahr, und indem sie alles als Eines, als *Das* erkennen, verschmelzen sie mit dem Einen. Nichts ist höher, nichts ist größer, nichts ist erhabener und schöner als Shakti. Im Zentrum des Herzens wohnend, scheint sie mit aller Pracht der Morgensonne; wird sie in uns erweckt, können wir sie dort in ihrem Strahlenglanz wahrnehmen.

Was ist die Natur dieser Shakti? Die *Shivasutras* sagen: *iccha shaktrum kumari* – Sie ist die Schöpferkraft Gottes, die ewig-junge Maid *Uma*. Man nennt sie »ewig-jung«, weil sie unaufhörlich spielerisch tätig ist; ihr Spiel ist die Schöpfung, Erhaltung, und Auflösung (Erneuerung) dieser Welt. Übrigens wird Shakti auch *Chiti* genannt, das Allumfassende Bewußtsein.

Die *Pratyabhijnahridayam*, die wichtigste der shaivistischen Schriften, überliefert in ihrem ersten Vers: *chiti svatantra vishva siddhi hetuhu* – »das Allumfassende Bewußtsein erschafft dies Universum aus seinem eigenen freien Willen«. Chiti ist völlig unabhängig. Niemand veranlaßt sie, dies Universum zu herschaffen: Sie erschafft es aus sich selbst heraus, in völliger Freiheit, von nichts anderem abhängig, beeinflußt oder unterstützt. Der zweite Vers lautet: *svecchya svabitau vishvammilayati* – »Sie entfaltet das Universum aus ihrem eigenen Selbst.«

Dies Universum ist so mannigfaltig, daß niemand alles kennen kann, und jedes Atom davon ist von Chiti erfüllt. Alles, was wir kennen, ist tatsächlich Chiti; Chiti ist auch das entlegendste Partikelchen dieses Universums geworden.

Ein Landmann sät Samen verschiedenster Art aus. Bewässert er seinen Acker, so wird ein- und dasselbe Wasser die verschiedensten Pflanzenarten ernähren. Im Zitronenstrauch nimmt das Wasser die Eigenschaften der Zitrone an und wird säuerlich, im Zuckerrohr wird es süß, im Pfefferstrauch entwickelt es brennende Schärfe. Obgleich es sich in so verschiedenen Eigenschaften manifestiert, ist doch der Boden der gleiche, das Wasser das gleiche, und der Bauer ist der gleiche. Genauso ist Chiti, die kosmische Energie, zum vielgestaltigen Universum geworden. Sie schuf dies Universum nicht wie ein Mensch ein Haus baut, indem er Holz und Steine und andere Materialien zusammenträgt, selbst aber von diesen Stoffen verschieden bleibt. Sie hat vielmehr das Universum aus ihrem eigenen Sein heraus erschaffen, *aus* sich selbst *in* sich selbst: Sie selbst ist zum Universum geworden. Sie wird auch zu allen Bestandteilen des Universums und drückt sich in all den zahllosen Formen aus, die um uns sind. Sie wird Sonne, Mond, Sterne, Licht und Feuer, die den von ihr geschaffenen Kosmos erleuchten. Sie wird zu *prana*, der Lebenskraft, um alles Erschaffene einschließlich der Menschen, Vögel und Tiere am Leben zu erhalten. Sie ist es, die zum Wasser wird, das unseren Durst stillt, zur Nahrung, die unseren Hunger sättigt. Was immer ihr seht oder nicht seht, alles Existierende, von der Erde bis zum Himmel, ist nichts als Chiti, ist einzig Kundalini. Das ist jene höchste Energie, welche alles Erschaffene vom Elefanten bis zur kleinsten Ameise belebt und bewegt. Sie ist in allem und jedem Geschöpf und Ding, das sie erschaffen hat, ohne dabei ihre eigene Identität oder ihre absolute Unberührtheit zu verlieren.

Diese göttliche Kraft ist die Kraft unseres eigenen Selbst. Wie sie das äußere Universum erschaffen hat, hat sie auch den menschlichen Körper erschaffen und durchdringt ihn vom Scheitel bis zur Sohle. Selbst Mittelpunkt des Universums, hält sie das gesamte Universum beieinander und erhält es. Genauso, selbst im Zentrum unseres Körpers wohnend, im *muladhara chakra* an der Basis des Rückgrats, beherrscht und erhält sie unser gesamtes physiologisches System mittels eines Netzwerks von 72.000 *nadis.**

---

*) Anmerkung des Übersetzers: Wir sind gewohnt, Zahlen rein quantitativ aufzufassen. Der Leser wird aber nicht fehlgehen, wenn er bedenkt, daß solche Zahlen – wie es auch in der Bibel der Fall ist – *qualitative* Werte ausdrücken, Symbolwerte beinhalten können.

Kundalini erhält unser Leben; sie ist es, die unsere Körperfunktionen in Tätigkeit hält. Fließt sie nach außen, ist Kundalini durch Gemüt, Geist und Sinne tätig; sie ist die Kraft hinter all unserer Tätigkeit. In ihr wurzeln sowohl unsere geistigen Kräfte als auch unsere Tätigkeits-Organe, und sie läßt alles so funktionieren, wie es seiner Natur entspricht. Sie ist es, die durch die Ohren hört, durch die Augen sieht und durch unsere Zunge schmeckt. Sie läßt den Geist denken, den Verstand entscheiden und unterscheiden, unsere Vorstellungskraft Gedankenbilder formen. Sie ist es, die unseren Atem ein- und ausgehen, das Herz schlagen läßt.

Obgleich nun Kundalini unablässig in uns tätig ist, können wir sie doch nicht wahrnehmen und glauben deshalb, sie nicht zu kennen. Erst wenn Kundalini in ihrem *inneren* Aspekt erweckt wird, können wir die Vollkommenheit ihres Wirkens erfahren. Indem sie alles durchdringt, ist Kundalini der Beobachter von allem, der Wissende, der alles weiß, was gewußt werden kann. Wir können sie nicht erkennen, aber sie kann sich selbst erkennen. Wie die Sonne die Welt und auch sich selbst erhellt, so erhellt die leuchtende Kundalini unser Gemüt, Geist und Intellekt, unsere Sinne und die Sinnesobjekte, erhellt auch das Selbst.

DIE WICHTIGKEIT DER KUNDALINI-ERWECKUNG

Die Kundalini-Erweckung ist tatsächlich der Beginn unserer spirituellen Reise, unserer geistigen Entfaltung. Wie die nach außen gerichtete Kundalini uns die äußere Welt in Besitz nehmen läßt, so bringt Kundalini nach Erweckung ihres inneren Aspektes die innere spirituelle Welt in den Bereich unserer Erfahrung. Solange die innere Kundalini ruht, so lehren uns die Schriften, ist es gleichgültig, wie viel Entsagungen du auf dich nimmst, wieviel Yoga du ausübst, wieviel *mantras* du wiederholst: die Erfahrung der Identität mit deinem Inneren Selbst kannst du nicht erlangen. Du wirst weder deine eigene Göttlichkeit erkennen noch verstehen was Gott ist, noch kannst du wahrnehmen, wie das Bewußtsein alles durchdringt.

In unserem gegenwärtigen Stand identifizieren wir uns mit dem Körper, mit seiner Größe und seiner Gestalt. Wir wissen nicht, daß wir alldurchdringend sind. Erst wenn die innere Kundalini erweckt ist, werden wir unserer wahren Natur bewußt, unserer Größe, und der Tatsache, daß wir nicht nur Gott angehören, sondern ein Teil von Ihm, selbst göttlicher Natur sind. Selbst wenn Gott Gestalt annehmen und vor uns erscheinen wollte, würden wir ihn doch nicht erkennen, noch in seiner wahren Natur erfahren können, solange unsere Shakti nicht erweckt ist. Krishna war Arjunas Wagenlenker. Er war beständig bei Arjuna und doch konnte Arjuna keinerlei Nutzen aus seiner Gegenwart ziehen. Erst als Krishna durch seine Gnade Arjuna segnete und seine innere Shakti erweckte, konnte Arjuna die innere Wirklichkeit Krishnas erkennen. Ähnlich erging es Namdev, dem großen Propheten und Freund Gottes: Gott nahm Gestalt an, speiste mit ihm und sprach zu ihm. Trotzdem wies die Gemeinschaft der Heiligen den Namdev ab: Sein Verständnis war noch zu grob, die wahre Natur Gottes von ihm nicht erkannt.

Es ist sehr schwierig, das Höchste Prinzip zu erkennen. Obgleich es alles durchdringt, ist es doch nicht wahrnehmbar. Obgleich es alles wirkt, ist es doch nicht als der Handelnde erkennbar. Ein Vers der *Shiva Mahimna Stotram* lautet: »Wie soll ich Dich beschreiben, der Du jenseits von Gemüt und Geist, Körper und Sinnen bist?« Wenn das Selbst grenzenlos, ungeboren und ewig ist – wie kann man Es kennen? Nur durch das Medium von Shakti können wir Zugang zum Selbst erlangen. Shakti ist der Pfad zu Gott, Shakti ist das Antlitz Shivas. Blickst du in jemandes Gesicht, so weißt du wer er ist; ebenso wirst du Gott erkennen, wenn du der in dir wirkenden Shakti bewußt wirst.

Das also ist es, weshalb die Erweckung der inneren Kundalini Shakti eine unbedingte Notwendigkeit ist. Die shaivistischen Schriften lehren, daß sich ins Unendliche ausdehnt, wer Kundalinis Kräfte erlangt, bis er das ganze Universum umfaßt: Er wird des ganzen Universums innerhalb seines eigenen Selbst gewahr werden. Er ist nicht länger ein begrenztes abhängiges Geschöpf, sondern erlangt die völlige Vereinigung mit Gott. Er verschmilzt mit Gott und wird so Gott.

DIE KUNDALINI-ERWECKUNG

Kundalini ruht in subtiler Spiralform an der Wurzel des Rückgrats, in der *muladhara chakra,* zwischen Darmausgang und Geschlechtsorgan. Wird Kundlini erweckt, empfinden wir oft einen leichten Schmerz an diesem Punkt. Das Wort *mula* bedeutet Wurzel, *adhara* bedeutet Stütze. Gemäß den yogischen Schriften ist diese Wurzel vier Finger lang. Darin ruht Shakti, dreieinhalbmal zusammengedrängt oder aufgerollt: daher der Name Kundalini, d. i. »die Eingerollte«. Erweckt, streckt sie sich aus und beginnt aufzusteigen, sie tritt jetzt in die *sushumna nadi* oder Zentralkanal ein auf ihrem Wege zum Sitz Shivas in der *sahasrara*.

Es gibt mehrere Möglichkeiten, Kundalini Shakti zu wecken. Durch hingebende Gottesverehrung, durch intensives *japa* d. i. *mantra*-Wiederholung, oder durch langjährige Übung überlieferter Yogaformen kann Kundalini aktiviert werden. In seltenen Einzelfällen kann es auch vorkommen, daß dem Suchenden spontanes Erwachen der Kundalini zuteil wird dank in früheren Lebensrunden durch geistige Vorbereitung angesammelten *karmas*. Die Schriften berichten von verschiedenen Wegen der Kundalini-Erwekkung. Die einfachste und zuverlässigste Methode ist jedoch diejenige durch das *shaktipat* des Guru, wobei dieser von seiner eigenen Shaktienergie direkt auf den Schüler überträgt. Gerade dies ist die große Aufgabe des Guru: Die im Zustand der Latenz befindliche Shakti zu wecken. Wenn der Guru seine Kraft auf den Schüler überträgt, wird dadurch der innere Aspekt von Kundalini automatisch aktiviert und voll zur Funktion gebracht.

Shaktipat ist eine große und sehr subtile Wissenschaft. Sie ist die geheime Überlieferung der größten Weisen und ist schon seit grauer Vorzeit von Guru zu Schüler, von Generation zu Generation weitergegeben worden.

Die Tradition der Einweihung gibt es in jeder Religion und bei jeder Glaubensrichtung. Die wahre Einweihung ist jedoch *shaktipat*, jene innere Erweckung, durch die der Schüler eine überbewußte Schau des Absoluten erlangen kann und durch die er mit der Zeit seine Einheit mit Gott erfahren wird.

DER GURU

Nur derjenige Guru kann Shaktipat geben, der selbst von seinem Guru Shaktipat erhalten hat, dessen Kundalini voll entfaltet ist, der für immer im Bereich der Vollkommenheit verankert ist – der innewohnenden Wirklichkeit, welche die Quelle der Shakti ist. Die Schriften sagen: »Der Guru die segenspendende Kraft Gottes« *(guru parameshvara anugranika shakti)*. Ein wahrer Guru ist demnach derjenige, der die göttliche Segenskraft durch Shaktipat auf einen Schüler übertragen kann, der alle drei Formen von Kundalini – Prana-Kundalini, Chit-Kundalini und Para-Kundalini – erwecken kann, der die Blockierung in allen spirituellen Zentren *(chakras)* öffnen kann, den unruhigen Geist des Schülers zur Ruhe bringt und ihm den Weg zum inneren Frieden erschließt. Ein solcher Guru kennt sich in den heiligen Schriften aus und kann die in ihnen verborgenen Wahrheiten so erläutern, daß sie den Suchenden erkennbar werden. Er führt seine Schüler mit natürlicher Autorität und vermag die Wirkungen der Shakti in dem Schüler zu beherrschen.

Der Körper eines solchen Guru ist insgesamt mit Shakti gesättigt. Der Guru wird tatsächlich die Verkörperung von Shakti, und zwar in solchem Maße, daß der Hut auf seinem Kopf, seine Kleidung und seine Sitzmatte so mit Shakti gesättigt sind, daß ein Schüler durch ihre bloße Berührung Shakti empfängt.

Der Philosoph Amid Khusro erlangte die Erkenntnis der Wahrheit von den Schuhen des großen Sufi-Heiligen Nizamudhin. Der Dichter-Heilige Kabir empfing seine Erweckung durch die unabsichtliche Berührung der Sandalen des Guru. Wer würdig ist, wer seine ganze Liebe und sein ganzes Vertrauen auf den Guru setzt, kann sehr leicht des Gurus Shakti empfangen. Nachstehende Erzählung veranschaulicht dies: Es lebte ein großer Heiliger namens Ravidas in Benares, von Beruf Flickschuster. Viele suchten ihn auf, darunter auch der Minister jenes Staates. Als dieser zu Ravidas kam, verspürte er so viel Ruhe und Frieden, daß er nach Rückkehr in den Palast dem König riet, den Heiligen Ravidas aufzusuchen. »Ihr werdet beglückt sein.«

In Indien war zu jenen Zeiten das Kastensystem üblich. Als der König erfuhr, daß Ravidas ein Flickschuster sei, konnte er sich nicht vorstellen, wie er hingehen und ihn aufsuchen könne. Aber eines Tages war Jahrmarkt, und während die ganze Stadt auf dem Jahrmarkt war, verkleidete sich der König und begab sich zu Ravidas Haus.

Nun saß er Ravidas gegenüber. Ravidas, in seinem allwissenden Geist, kannte natürlich des Königs Gedanken. »Du Heiliger«, sagte der König, »ich sehne mich nach Frieden. Äußerlich bin ich von Reichtum umgeben, innerlich fühle ich mich leer.«

Nun pflegt ein indischer Schuster eine irdene Schüssel zu haben, die mit Wasser gefüllt ist, in dem er das Leder aufweicht. In dies Wasser tauchte Ravidas eine Tasse und bot sie dem König zum Trunk. Hatte der König vorher gezögert, so war er jetzt restlos enttäuscht, als ihm der Heilige das schmutzige Wasser darreichte, in dem zuvor unreines Leder eingeweicht worden war. Er kehrte dem Heiligen den Rücken und, statt das Wasser zu trinken, verschüttete er es über seine Kleidung. Dann verließ er das Haus, kehrte in seinen Palast zurück, ließ den königlichen Wäscher rufen und befahl ihm, das Gewand sorgfältig auszuwaschen.

Der Wäscher war aufs höchste verwundert, des Königs Kleid so schmutzig zu sehen. Er hörte sich um und fand schließlich heraus, daß der König Ravidas Haus aufgesucht hatte, daß Ravidas ihm ein Glas Wasser zu trinken gab und wie der König das Wasser über sein Hemd geschüttet hatte. Dann rief der königliche Wäscher seine Tochter, erzählte ihr alles und trug ihr auf, das Kleid auszuwaschen.

Die Tochter war klug. Sie nahm das Gewand und sog alle Flecken mit dem Munde heraus, bis es sauber war, dann wusch sie es und gab es ihrem Vater zurück. Am gleichen Abend, nach der Arbeit versank sie in tiefe Meditation über das Selbst. Später wurde sie eine große Heilige, und viele Menschen aus aller Welt suchten sie auf. Auch der Minister kam und empfing Ruhe und Frieden durch sie. Er ging zum König, erzählte ihm von dem Mädchen und sprach: »Ihr habt Euch nicht verändert. Immer noch seid Ihr unglücklich und sorgenvoll. Warum sucht Ihr nicht diese Frau auf?«

Also begab sich der König zu seines Wäschers Tochter und bat um ihre Hilfe: »Ich bin unglücklich, ich finde keine Ruhe. Gib mir etwas Frieden und Freude.« »Oh, Euer Majestät«, war die Antwort, »alles was ich erlangt habe, erlangte ich dadurch, daß ich die Flecken Eures Gewandes aussaugte, das Ihr meinem Vater zum waschen gabt. Alles was ich erlangte, bekam ich von Euch! Was also kann ich Euch geben?«

So viel ist des Gurus *prasad* (Speise, die der Guru dem Schüler darreicht) wert. Tatsächlich ist es auch gar nicht erforderlich, daß der Guru ausdrücklich Einweihung erteilt. Viele erhalten die »Einweihung«, also die Kundalini-Erweckung, ganz spontan, lediglich dadurch, daß sie eine Zeitlang in seiner persönlichen Nähe verbringen oder sich in seiner von Shakti durchstrahlten Umgebung aufhalten. Die Gegenwart eines großen Heiligen ist so machtvoll, daß jeder davon erfaßt wird, der damit in Berührung kommt.

Gauranga Mahaprabhu war ein großer Erleuchteter, der meistens in Verzückung umhertanzte und dazu »Hare Ram, Hare Krishna« sang. Das irritierte einen reichen Nachbarn schließlich so, daß dieser zwei der schönsten Freudenmädchen dafür bezahlte, daß sie ihn verführen sollten. Gauranga saß am Straßenrand, singend und verzückt sich in den Hüften wiegend. Die Mädchen setzten sich neben ihn, und indem sie ihm zuhörten, übertrug sich sein Shakti auf sie und erfüllte sie beide mit Liebe zu Gott. Sie wurden Gaurangas Schüler und verbrachten ihr weiteres Leben als ihm ergebene Anhänger.

WIE SHAKTI ERWECKT WIRD

Es gibt vier Wege, auf denen der Guru bewußt die Shakti des Strebenden erweckt:

Durch Berührung, Wort, Blick oder Gedanken. Die zuerst erwähnte Einweihungsart heißt *sparsha diksha*, d. i. durch Berührung. Die Berührung kann jederlei Form haben. Im allgemeinen wird derjenige, der Shakti überträgt, den Punkt berühren, der der Sitz von Kundalini ist. Die Berührung kann auch durch einen dazu ermächtigten Schüler des Guru gegeben werden; auch solche Berührung wird die volle Kraft des Guru ausstrahlen, der die Ermächtigung gegeben hat. Für die Berührung gibt es im wesentlichen drei Ansatzpunkte: der erste ist die Stelle zwischen den Augenbrauen d. i. *ajna chakra*, der zweite ist das Herz und der dritte die *muladhara* an der Wurzel des Rückgrats. Durch Berührung an diesem Punkt gab Sri Ramakrishna dem Vivekananda das augenblickliche Erlebnis des Göttlichen.

Die zweite Einweihungsmethode ist durch ein Wort, *mantra diksha* genannt, wobei die Shakti des Guru durch das Mantra in den Schüler eingeht. Der Guru, der das Mantra gibt, hat es selber lange Zeit während seiner spirituellen Übungsjahre wiederholt, hat die Kraft des Mantras realisiert und hat die Fähigkeit, es mit lebendiger bewußter Kraft aufzuladen. Sein ganzes Wesen ist mit diesem

Mantra gesättigt. Hat der Guru dies Mantra mit seiner Lebenkraft erfüllt, wird es als ein *chaitanya mantra* d. i. ein bewußtes Mantra, bezeichnet. Solches Mantra ist vollkommen, führt Befreiung mit sich, und verleiht Kräfte mannigfacher Art. Durch beständige Wiederholung solchen Mantras wird Kundalini erweckt. Kundalini kann sogar auf der Stelle erwachen, wenn der Guru das Mantra direkt in das Ohr des Jüngers flüstert.

Die dritte Art ist die Erweckung durch Blick, *drik diksha*. Nur wer die innere Schau besitzt, kann diese Einweihung geben. Auf den Bildern der großen Heiligen kannst du bemerken, daß ihre Augen nach innen gerichtet sind, dem inneren Selbst zugewandt. Sind auch die Augen solcher Seher offen und scheinbar nach außen gerichtet, so ist ihre Aufmerksamkeit doch in Wirklichkeit nach innen gerichtet, ihrem inneren Sein zugewandt. Nur wer unverrückbar in solcher Innenschau fixiert ist, kann Shaktipat durch seinen Blick auslösen.

Die vierte Möglichkeit schließlich ist die Erweckung durch einen Gedanken, *manasa diksha*. Der Guru denkt einfach daran, und die Einweihung ist schon geschehen.

Ereignet sich die augenblickliche Erfahrung der höchsten Realität durch Berührung, Wort, Blick oder Gedanken des Guru, so bezeichnet man solche Einweihung als *shambhavi diksha.* Dies ist die höchste Form der Initiation, doch haben nur wenige Menschen ausreichende Stärke, um die Wucht einer solchen Einweihung ertragen zu können.

Auch löst Shaktipat nicht bei jedem die gleiche Wirkung aus. Das Spektrum der Wirkung reicht von »mild« über »mittel« bis »intensiv«. Diese drei Graduierungen werden in neun Unterteilungen gefächert, so daß man also Shaktipat in siebenundzwanzig Kategorien empfangen kann. Shakti ist trotzdem Eins. Nur *eine* Art Shakti wird durch Shaktipat übertragen, aber die Aufnahmefähigkeit, die Charakteranlagen der Menschen sind unterschiedlich. Jeder empfängt Shaktipat nach Maßgabe seines Zustands, seiner Natur. Kundalini wohnt in jedermann. Deshalb kann sie in jedem erweckt werden, doch hängt alles völlig von der Glaubenskraft, Selbsthingabe, von der Erweckungssehnsucht des Einzelnen ab. Der Guru gibt Shakti dem, der es aufnimmt. Es kann keine Rede davon sein, daß dem einen gegeben wird und dem anderen nicht. Wem gibt Sonne Wärme? Demjenigen, der sich ihren Strahlen hingibt, der sich ihr zuwendet. Wer im Zimmer bleibt, bekommt nichts. So kann jeder des Gurus Shakti erhalten. Einige nehmen es rasch auf, zu anderen kommt es spät.

Ein schwedisches Mädchen kam zu uns in den Ashram und blieb acht Tage bei uns. Dann kam sie zu mir und beklagte sich, daß sie gar nichts empfangen habe und jetzt abreisen wollte. »Gewiß«, sagte ich ihr, »du kannst gehen.« Sie verließ den Ashram, fuhr nach Bombay und bestieg zwei Tage später ein Flugzeug nach Schweden. Während des Fluges ergriff Shakti Besitz von ihr. Spontan setzte selbsttätiges *pranayama* ein. Nach der Heimkehr schrieb sie mir einen Brief und berichtete, was ihr widerfahren war. So ist das mit Shakti. Einmal empfangen, wird die Shakti des Guru nie verloren gehen. Ein Leben nach dem anderen wird es dir folgen und die Zeit abwarten, zu der es beginnen kann, in dir zu wirken.

Trotzdem – wenn du Shakti mit voller Kraft wirken lassen willst, mußt du sie dir sorgfältig bewahren. Shakti läßt ein neues Leben in dir beginnen. Hast du es empfangen, solltest du es dir auch aneignen können. Du solltest achtsam damit umgehen und es nicht durch undiszipliniertes Leben wegwerfen, auch nicht durch Vernachlässigung deines *sadhana*. Suche vielmehr zu begreifen und deine Shakti zu steigern. Meditation, Gesang, Mantra-Wiederholung, Vertrauen und Hingabe an den Guru, reine und disziplinierte Lebensführung – alles dies steigert deine Shakti. Hast du sie einmal erhalten, wird die Liebe für Gott und die Freude an deinem *sadhana* von selbst in dir aufsteigen. Shakti selbst wird dich auf den richtigen Weg führen.

SIDDHA-YOGA

Wie ein Saatkorn den ganzen Baum in potentieller Form enthält, so enthält Kundalini alle denkbaren Yoga-Formen. Wird sie durch den Impuls des Guru erweckt, bringt sie alle Arten von Yoga selbsttätig, ohne dein Zutun zur Entfaltung. Diese durch Shaktipat ausgelöste Entwicklung wird Siddha-Yoga d. i. »der vollkommene Yoga«, oder Maha-Yoga d. i. »der große Yoga« genannt. Diesem Yoga-Weg, Siddha-Yoga, sind die größten Heiligen seit grauer Vorzeit gefolgt. Dies Yoga bringt unmittelbare Früchte hervor. Jetzt, noch in diesem Leben, wie auch deine Lebensumstände sein mögen, ermöglicht

Kundalini die innewohnende Wirklichkeit des Selbst zu realisieren. Spirituelles und irdisches Leben verschmelzen dadurch zu einer Einheit.

Siddha-Yoga wird auch Maha-Yoga genannt, weil es alle anderen Formen von Yoga mit umfaßt. Es gibt viele Arten: Hatha-Yoga, wobei körperliche Übungen durch eigenes Bemühen ausgeführt werden; Bhakti-Yoga, dessen Grundlage Liebe ist; Raja-Yoga, das durch Meditation erlangt wird, Mantra-Yoga, Laya-Yoga, Jnana-Yoga und viele andere. Ist Kundalini jedoch erwacht, ereignen sich alle diese Yogaformen automatisch, spontan. Du brauchst dich nicht darum bemühen, sondern sie kommen von selbst zu dir, von innen heraus.

Es können zum Beispiel ungewollte Körperbewegungen von innen heraus entstehen, ein Schütteln des Oberkörpers, Bewegungen der Arme und Beine. Der Kopf kann beginnen zu rotieren, in so rascher Drehung, wie es bewußt nicht möglich wäre. Yoga-Stellungen, *mudras*, Atembewegungen *(pranayama)*, wie wir sie sonst als Hatha-Yoga-Übungen kennen, können spontan ohne unser Zutun auftreten. Diese körperlichen Folgeerscheinungen nennt man *kriyas*. Sie werden durch Kundalini verursacht und bezwecken unsere Reinigung und Läuterung auf der körperlichen Ebene.*

Unternehmen wir allerdings solche Übungen aus unserem eigenen Willen, aufgrund unseres eigenen begrenzten Verständnisses, so können wir unmöglich wissen, welche bestimmten Stellungen, Bewegungsübungen *(mudras)* und *pranayamas* die richtigen für uns sind. So mag es sein, daß z. B. *sarvang-asana* die für mich günstigste Stellung wäre, indessen ich zufällig *shirshasana* übe, das für mich möglicherweise ganz ungeeignet sein mag; und statt Meisterschaft in meinem Yoga zu erlangen, könnte ich mir im Endergebnis einen Hirnschaden zuziehen. Stellen sich diese Stellungen oder Bewegungen jedoch spontan ein, von innen heraus, so treten automatisch nur diejenigen Bewegungen auf, deren ich tatsächlich bedarf und die mir gemäß sind.

Kundalini ist allwissend. Sie kennt unsere

---

*) Anmerkung des Übersetzers: Es ist wirklich ein überwältigendes Wunder, wenn man erlebt, wie plötzlich bei jemandem Atem- und Körperbewegungen auftreten, die man von Hatha-Yoga her kennt, die der Betreffende jedoch nie geübt hat und die zudem in einer Perfektion eintreten, die man aus eigener bewußter Bemühung nie hätte erreichen können.

Vergangenheit und unsere Zukunft, und sie weiß, was gut für uns ist und was nicht.

Ebenso, wie Hatha-Yoga-Bewegungen auftreten, treten auch andere Yoga-Formen unter Kundalinis Einfluß ein. Liebe steigt auf und mit ihr jene ekstatische Selbsthingabe, welche Bhakti-Yoga mit sich führt. Man erlangt spontane Einsichten, wie es das Ziel von Jnana-Yoga ist, sowie jene innere Losgelöstheit bei aller Aktivität, jene Fähigkeit zu selbstlosem Handeln, die sich mit Karma-Yoga verbindet. Man mag innerer Töne und Klänge gewahr werden, Visionen erleben, Lichterscheinungen, Götter, Heilige, ferne Landschaften und sogar andere Bewußtseinsebenen, himmlischen Duft oder Geschmacksformen erfahren, wie in Laya-Yoga. Es kann vorkommen, daß jemand beginnt, Mantraverse in Sanskrit oder anderen Sprachen spontan zu rezitieren; daß jemand das Brüllen eines Löwen, das Zischen einer Schlange von sich gibt oder sonstige seltsame Laute artikuliert oder einfach zu singen anhebt. Es kann sich als Poesie oder Tanz manifestieren. Alle diese Ausdrucksformen entsprechen den Wirkungen von Mantra-Yoga.

Wenn die erwachte Kundalini im Zentralstrang des Rückens, der *sushumna*, aufsteigt, öffnet sie nacheinander sechs subtile Zentren, *chakras* genannt, alsdann die drei Knoten (Brahmagranthi, Vishnugranthi und Rudragranthi) bis sie letztendlich *samadhi* herbeiführt, jenen Zustand, in dem wir die Sicht der allen Erscheinungsformen zugrunde liegenden Gleichheit erlangen. In diesem Zustand ist der Strebende nunmehr fest in dem höchsten geistigen Zentrum verankert, der *sahasrara*, wobei er eins wird mit Shiva. Das ist die Auswirkung Kundalinis und sie findet ihren Höhepunkt in der letztendlichen Realisation Gottes in unserem eigenen Inneren.

So ist Siddha-Yoga sehr einfach, sehr natürlich. Es gibt viele Wege, auf denen man das letzte Ziel nach vielen Schwierigkeiten und großen Bemühungen zu erreichen hofft, doch kann man es in Siddha-Yoga ohne diese Schwierigkeiten auf natürliche und spontane Weise erlangen. Auch ist das aus der Kundalini-Erweckung schließlich hervorgehende *samadhi* nicht von der Art, die zu Trägheit, zu Passivität verleitet. Es ist ein *bewußtes samadhi;* es verleiht ein geschärftes Wach- und Bewußt-sein. Die *Shivasutras* bezeichnen diesen Zustand als *Lokananda samadhi sukham:* »Das höchste irdische Glück ist die überschwengliche Freude das *samadhi.*«

In diesem Zustand wird man der Gegenwart Gottes in Allem gewahr. Der ganze Sinn und Zweck der Kundalini-Erweckung ist, diesen natürlichen *samadhi*-Zustand zu erlangen, während man noch in dieser Welt wirkend tätig ist.

DER ZENTRALSTRANG (DIE SUSHUMNA)

Wie bereits erwähnt, manifestiert sich Kundalini im Körper auf drei verschiedene Arten und wird alsdann als Prana-Kundalini, Chit-Kundalini und Para-Kundalini bezeichnet. In Form von Prana oder Prana-Kundalini liegt sie an der Wurzel des Rückgrats, besser, d. i. *subtiler ausgedrückt*, an der Basis der *sushumna nadi*, des Zentralstrangs. Von hier aus hält sie alle zweiundsiebzigtausend *nadis* des Körpers in beständigem Einklang. Von außen gesehen mag sich der menschliche Körper als Fleisch und Blut darstellen, aber das ist nicht die Wirklichkeit. Ebenso besteht er aus *nadis*, subtilen Kanälen. Wie ein Kraftwagen hinter der Verkleidung ein Gewirr von Kabelverbindungen enthält, so weist auch der Körper eine Vielzahl solcher Verbindungen auf subtiler Ebene auf. Diese *nadis* haben die verschiedensten Funktionen. Manche transportieren Körpersäfte, andere *prana,* und so fort. Etwa hundert von ihnen sind wichtig, weil sie die anderen erhalten. Zehn von diesen hundert sind von übergeordneter Bedeutung, und drei von diesen zehn haben ausschlaggebende Wichtigkeit: *ida, pingala* und *sushumna.*

Jedermanns *ida* und *pingala nadis* sind unablässig tätig, weil das *prana* des Atems beim Ein- und Ausatmen – auf der subtilen Ebene – durch diese beiden Kanäle geleitet wird. Die *sushumna nadi* hingegen ist den meisten von uns nicht bewußt, obgleich sie von all den *nadis* die ausschlaggebende ist. Die *sushumna* liegt zwischen *ida* und *pingala,* im Zentrum des Rückgrats. Alle Lebensäußerungen setzen die Existenz der *sushumna* voraus, die ihrerseits alle nachgeordneten *nadis* kontrolliert. Sie erstreckt sich in ununterbrochener Linie von der *muladhara,* wo Kundalini zusammengezogen liegt, bis zur *sahasrara* am Scheitelpunkt des Kopfes, dem Sitz Shivas. Innerhalb der *sushumna* liegt eine äußerst subtile *nadi* namens *chitrini,* die ihrerseits der Kanal für die Bewegungen der aufsteigenden Kundalini ist. Die *sushumna* wird auch *Brahma nadi* (Kanal des Absoluten), *samvitti nadi* (Kanal des Bewußtseins) oder »die Gasse der Großen Kundalini« genannt.

Jeder aufsteigende Gedanke kommt von diesem Zentral-*nadi*. Alles *karma* und alle gespeicherten Eindrücke unzähliger Lebensrunden sind hier gelagert. Alle Gemütszustände, die wir erleben – Sehnsucht oder Begierde, Inspiration oder Trägheit – steigen aus der *sushumna* auf. Im oberen Bereich der *sushumna* liegen solche Eigenschaften wie Zufriedenheit, Frieden und Erkenntnis, während Leidenschaften wie Lust, Neid, Zorn, aber auch Empfindungen wie Angst und Unzulänglichkeit im unteren Bereich der *sushumna* ihren Platz haben. Wird Shakti erweckt, geraten alle diese zurückliegenden Eindrücke und *karmas* in Bewegung. Sie kommen sozusagen an die Oberfläche. Das ist der Grund, warum nach dem Empfang von Shaktipat oftmals negative Empfindungen, selbst Zorn, auftreten. Niemand braucht sich vor solchen Reaktionen zu fürchten; sie treten auf, weil Shakti die *karmas* zahlloser Leben austreibt. Manchmal kommt es vor, daß jemand, der Shaktipat empfangen hat, stundenlang vor Freude lacht oder umgekehrt in abgrundtiefem Kummer weint. Manchmal tritt tiefe Versenkung in eine erhabene Stille ein, manchmal scheint es, als habe jemand den Verstand verloren. Wer sich in diesen Dingen auskennt, weiß, daß es sich um verschiedene Wirkungsformen von Shakti handelt.

Nachdem Shaktipat empfangen wurde, wird spontane Meditation eintreten. Der ein- und ausgehende Atem, *prana* und *apana* gleicht sich aus. *Kumbhaka* (längere Zurückhaltung des Atems) tritt mühelos ein. Das *prana* wird sehr subtil und tritt in die *sushumna* ein, welche sich nun öffnet und sich zu entfalten beginnt.

Die *Pratyabhijnahridayam* sagt darüber: *madhyavika sacchidananda labhah* – »entfaltet sich der zentrale *nadi*, tritt die Glückseligkeit des Bewußtseins ein«. Solange der zentrale *nadi* nicht entfaltet ist, stagniert die Evolution. Die Entfaltung des Zentral-*nadi* ist der Pilgerpfad zur Befreiung, der Weg zur Selbstverwirklichung. Hast Du des Gurus Shaktipat empfangen, wird Kundalini sich von selbst entfalten.

BEDENKEN GEGEN KUNDALINI-ERWECKUNG

Manche Leute behaupten, das Erwachen der Kundalini bringe die Gefahr geistiger Verwirrung mit sich oder könne zu schweren Krankheiten führen. Solche Befürchtungen sind unzutreffend. Kundalini führt solche Gefahren nicht mit sich; im Gegenteil, Heilkräfte folgen ihrer Spur. Es gibt aber Leute, die das Erwachen der Kundalini durch eigene Bemühungen erzwingen wollen, sei es durch Hatha-Yoga-Techniken wie *mudras* und *bandhas* oder aber auch durch selbstersonnene Übungen – dann allerdings kann alles passieren. Wenn Kundalini nicht auf angemessene natürliche Weise induziert wird, können schädliche Folgen entstehen. Wer solcherart versucht, die Aktivierung seiner Kundalini auf eigene Faust mit unüblichen Praktiken herbeizuführen, wird Kundalini nicht zum Erwachen bringen: Er wird lediglich erreichen, sie zu irritieren. Wer Kundalini dergestalt über gewisse Grenzen hinaus irritiert, kann sehr wohl sein geistiges Gleichgewicht verlieren und seine körperliche Gesundheit schädigen. Solche schädliche Folgen sind jedoch unmöglich, wenn Kundalini spontan, aus des Gurus Shaktikraft heraus erwacht. Dann ist es Shakti selbst, die den Kundalini-Yogaprozeß in Gang setzt, und in ihrem eigenen Reich gibt es weder Krankheit noch geistige Verwirrung.

Manchmal kann es vorkommen, daß ein Strebender eine schwierige Periode durchläuft. Ist z. B. eine Tendenz zu Gemütsschwäche oder -krankheit vorhanden, so kann es im Anschluß an eine Kundalini-Erweckung vorkommen, jedenfalls in den Augen anderer, daß eine Verwirrung oder körperliche Schwäche auftritt. In Wirklichkeit geschieht dies aber um die Schwäche aus seinem Organismus auszutreiben, und es besteht kein Grund zu Befürchtungen. In unsere Ashrams kommen manche Menschen mit einem geistigen Defekt, Menschen, die ihr geistiges Gleichgewicht verloren haben; wenn ihre Kundalini erwacht, baut sie einen neuen Intellekt in ihnen auf; sie gewinnen neue Verstandeskräfte.

Wird Kundalini aus der Segenskraft des Guru heraus erweckt, so wird sie aus eigenem Antrieb aufsteigen und diejenige Ausdrucksform finden, welche gerade für diesen Menschen die richtige ist. Kundalini wird es selbsttätig richtig einrichten, denn Shakti ist eine bewußte und allwissende Energie. Es genügt nicht, daß Kundalini lediglich erweckt wird; sie muß bis in die *sahasrara* aufsteigen und sich dort fest etablieren. Nichts darf erzwungen werden. Ist Kundalini durch *eigene Bemühung* aktiviert worden, so ist es sehr schwierig, sie richtig aufwärts zu leiten, und zwar deshalb, weil der Suchende von dem Moment des Kundalini-Erwachens an bis zu dem Zeitpunkt, an dem sie in die *sahasrara* einmündet, von entsprechenden Yogaübungen bzw. von seinen Manipulationen abhängig bleibt. Erwacht Kundalini jedoch durch den Segen des Guru, so wird die gleiche Segenskraft auch auf dem richtigen Weg weiterführen. Dann besteht auch keinerlei Gefährdung.

Wem seine Kundalini-Erweckung ohne den Segen eines wirklichen Guru gelingt, wird gewisse Erfahrungen erlangen; alsdann aber werden die Dinge sich verwirren, weil ihm die Führung durch einen vollkommenen Meister fehlt. Die Begrenztheit seines Wissens, das zur Erklärung der plötzlichen neuen Erfahrungen nicht ausreicht, führt dazu, daß er ihre Bedeutung nicht erkennt. Er wird an der Gültigkeit der neuen Erfahrungen zweifeln, die ihm und anderen begegnet sind; er kann nicht erkennen, daß Kundalinis Macht völlig unbegrenzt ist und daß sie unbegrenzte Welten sowohl innen wie außen manifestieren kann. Wer Gültiges über Kundalinis Wirkungen aussagen will, muß Kundalini-Yoga unter Führung eines Vollkommenen Meisters erlernt haben. Er muß seine Übungen in systematischer Reihenfolge im Einklang mit den Schriften durchgeführt und die letzte Vollkommenheit erlangt haben.

Viele Lehrer von geringerem Maß können eine Teilerweckung der Kundalini erreichen, doch wird Kundalini bald wieder einschlafen und den Suchenden in beunruhigtem Zustand zurücklassen. Auf meinen Reisen habe ich sehr viele Menschen getroffen, die so oder so ähnlich zu mir sagten: »Vor drei Jahren ist meine Kundalini erweckt worden, aber sie schläft leider wieder.« So geht es, wenn der Suchende nicht den Segen eines vollkommenen Meisters erlangt hat. Eine solche Erwekkung bringt wenig Nutzen. Nur ein Guru, der den Segen des höchsten Gottes und seines eigenen Guru empfangen hat, und dem der Auftrag erteilt wurde, Shaktipat zu geben, kann ein dauerhaftes Erwachen der Kundalini herbeiführen, das den Suchenden bis zum letzten Ziel führen kann.

LÄUTERUNGEN DES KÖRPERS UND DES GEISTES

Die meisten von uns verfügen über einiges Wissen über den physischen Körper. Wir haben aber nicht nur *einen* Körper, vielmehr vier: Den grobstofflichen Körper, in dem wir im Wachzustand Freude und Leid des täglichen Lebens erfahren; den feinstofflichen oder subtilen Körper, in dem wir Träume erleben; den Kausalkörper, d. i. der Körper des Tiefschlafs; schließlich den suprakausalen Körper, in dem wir den überbewußten oder *turiya*-Zustand erlangen. Shakti wirkt in allen vier Körpern. Wer systematisch meditiert, wird diese Körper nacheinander erfahren und wird in der Meditation schließlich die vier Lichterscheinungen erleben – Rot, Weiß, Schwarz und Blau – die ihnen entsprechen. Diese Lichtwirkungen treten eins aus dem anderen hervor. Die rote Lichtform entspricht größenmäßig unserem physischen Körper. Das weiße Licht entspricht der Größe eines Daumens, das schwarze derjenigen einer Fingerspitze, und das blaue Licht entspricht der Größe eines Sesam-Saatkorns.

Prana kundalini hat die Aufgabe, den grobstofflichen Körper zu reinigen. *Prana* ist das wichtigste Element in unserem Körper; verläßt *prana* den Körper, wird er wertlos. Shakti ist es, und zwar in ihrer Form als *prana*, die Körper, Sinne, Gemüt und Geist erhellt. Das ganze Universum ist aus *prana* hervorgegangen – die Schriften versichern uns, »das Allbewußtsein wird zu *prana*« *(prak-saamvit prane parinata)* sowie »alles ist in *prana* verwurzelt« *(sarvaam praane pratisthitam)*. Obgleich Prana-Shakti in sich eins ist, nimmt sie im Rahmen des körperlichen Funktionsablaufs doch fünf verschiedene Formen an: *prana*, *apana*, *samana*, *vyana* und *udana*. *Prana* ist mit dem ein- und ausgehenden Atem verbunden. *Apana* stößt Abfallstoffe aus dem Körper ab. *Samana* verteilt die Aufbaustoffe aus unserer Nahrung innerhalb des Körpers. *Vyana* regelt alle vegetativen Funktionen im körperlichen Bereich. *Udana* wohnt in der *sushumna;* ihre Wirkung ist aufwärtsgerichtet.

Wird *prana kundalini* tätig, ist Müdigkeit meistens die Folge. Der Kopf wird schwer. Diese Müdigkeit entsteht durch die Bewegung des *prana* und ist ein sicheres Zeichen dafür, daß Kundalini erweckt wurde. Auf ihrer Reise durch die *sushumna nadi* wandelt Kundalini den Körper um und bereitet ihn für den spirituellen Weg *(sadhana)*. Erst wenn der Körper gereinigt ist, kann Shakti mit voller Kraft darin tätig werden. Grundlage aller Krankheiten sind die Verunreinigungen, die dem gleichmäßigen Fluß von *prana* in den *nadis* entgegenstehen. Diese Blockierungen waren verursacht worden durch Unausgewogenheit und Unordnung im Fluß der drei körperlichen Elemente – Luft, Galle und Körpersubstanz – als Folge falscher Ernährung und undisziplinierten Lebens. Um die *nadis* zu reinigen, veranlaßt *prana kundalini* vielfältige Hatha-Yoga Bewegungen oder *kriyas* in unserem (groben) Körper. Sie durchpulst alle zweiundsiebzigtausend *nadis*, verzehrt die abgestandenen, sich zersetzenden Säfte und führt den *nadis* alsdann neue Lebensenergie zu. So wird der Körper von innen heraus in dem Maße verjüngt, in dem die *nadis* sich mit *prana* anfüllen. Er wird kräftig, doch mit der Geschmeidigkeit eines Kindes.

Während dieser Entwicklung werden sehr oft latente Krankheitskeime an die Oberfläche gebracht, mit dem Ergebnis, daß der Schüler an dieser Krankheit zu leiden beginnt. Es geht dann darum, diese Krankheit für immer aus dem Organismus abzustoßen. Es besteht kein Grund zu Befürchtungen. In den Jahren meiner Wanderungen durch Indien hatte ich mir eine chronische Dysenterie zugezogen, weil ich von Ort zu Ort wanderte und jederlei Speise zu mir nahm, die mir geboten wurde. Eine Zeitlang war es so schlimm, daß ich täglich vierzig- bis fünfzig mal Stuhlgang hatte. Schließlich war ich so von Kräften, daß ich nicht einmal aufstehen konnte, um die Toilette aufzusuchen. Meine Freunde machten sich Sorgen. Ich selbst hatte jedoch keinerlei Angst. Später ging es von selbst vorbei. Danach war ich für immer geheilt.

Die Reinigung der *nadis* bedeutet vollkommene Reinigung – auch Läuterung. Dieselben Blockierungen, welche Krankheiten hervorrufen, sind auch die Quelle negativer Empfindungen wie Abneigung, Haß, Gleichgültigkeit, Trägheit und Neid; auch diese Eigenschaften schwinden, wenn Kundalini die *nadis* gereinigt hat. Sind die *nadis* rein, so ist das Gemüt geläutert und der Geist frei.

Gemüt und Geist sind eng mit *prana* verbunden. Fließt *prana* ungleichmäßig, so entsteht die Sicht der Dualität und der Geist beginnt immer neue Gedanken und Bilder zu weben. Um Kontrolle über Gemüt und Geist zu erlangen, die ruhig und gleichmäßig werden sollen, sucht der Yogi den Atem zu beherrschen. Dies ist der Grund für die vielen *pranayama*-Übungen, denen er sich oft unterzieht. Indessen, nachdem Prana-Kundalini erweckt ist, wird im Zuge der Reinigungsprozesse des Körpers *spontanes pranayama* eintreten, von innen heraus, ohne unser Zutun. *Prana* und *apana*, der einkommende und ausgehende Atem, werden gleichmäßig, bis schließlich der Atem innen bleibt. Dieser Zustand wird *kumbhaka* genannt. Shaivismus lehrt, daß Atemübungen nicht zu echtem *kumbhaka* führen. Im echten *kumbhaka* werden *prana* und *apana* eins. An diesem Punkt geht *prana* nicht mehr aus noch kommt *apana* ein. Wenn das *prana* aufhört zu fließen, werden Gemüt und Geist still und du erlebst tiefste Ruhe. In diesem Stand innerer Stille leben die großen Weisen. Auf dem Bild meines Guru, Bhagawan Nityananda, ist sein großer Bauch zu sehen, der aber nicht vom vielen Essen herrührt, sondern vom inneren *kumbhaka*.

Inneres *kumbhaka* ist eine hohe Errungenschaft, ein Zustand, der reine Weisheit, reine Erkenntnis mit umfaßt. Im Zustand spontaner Einsicht erfährst du das *hamsa pranayama:* Du wirst des unablässig in dir schwingenden Mantras gewahr, des Flusses der Silben *ham* und *sa*, die mit dem ein- und ausgehenden Atem vermischt sind. Dies ist das Siddhamantra, das natürliche *japa* derjenigen, die Vollkommenheit erlangt haben. Es ist das Gewahr-Sein von »Ich bin Das«, das Bewußt-Sein deiner Identität mit der Wahrheit.

AUSWIRKUNGEN DER KUNDALINI-ERWECKUNG AUF DAS TÄGLICHE LEBEN

Die erweckte Kundalini führt Umwandlung auf allen Ebenen unseres Seins herbei, also auch auf der Ebene unseres täglichen Lebens. Sie verändert unseren Blickwinkel, so daß wir unsere Umwelt in neuem Licht sehen. Was schwierig und frustrierend schien, zeigt sich von einer guten Seite voll neuer Möglichkeiten, und läßt uns mit neuem Schwung an unsere Pflichten und Aufgaben herangehen.

Kundalini führt Wohlwollen unter den Menschen mit sich. Sie lehrt uns, einander als Ausdruck des Göttlichen zu erkennen. – den Ehepartner, Freunde und Nachbarn, unsere Kinder und unsere Eltern – als Geschöpfe Gottes, als gotterfüllt. Sie erhebt unser tägliches Leben, macht vollkommen, was unvollkommen war oder schien. Schwächen wird sie ausgleichen oder durch neue Kraft ersetzen. Sie wird dich in die Lage versetzen, deiner Familie besser gerecht zu werden als bisher, deinen beruflichen Aufgaben mit größerem Geschick und erhöhter Intelligenz nachzukommen als zuvor. Sie stärkt Konzentration und Gedächtnis. Der Künstler wird ein besserer Künstler, der Arzt ein besserer Arzt. Kundalini ist die Quelle der Poesie, Ursprung der Musik, die Wurzel intuitiver Vernunft; sie belebt des Wissenschaftlers Erfindungsgabe, des Staatsmanns ordnende Fähigkeiten. Alle Begabung, alle Inspiration, alle Kreativität ruht in Kundalinis Schoß; erwacht sie, löst sie ungeahnte schöpferische Kräfte aus. Es sind Fälle bekannt, in denen jemand nach Erwachen der Kundalini ein bedeutender Dichter wurde oder wichtige philosophische Werke geschrieben hat. Für manchen nimmt Kundalini die Gestalt Lakshmis an, der Göttin des Überflusses, und sie erwerben Wohlstand. In anderen gestaltet sie sich als Überlegenheit, so daß der von ihr Gesegnete eine bedeutende Führungspersönlichkeit wird.

Es heißt wohl: »Wo Befreiung ist, sind keine irdischen Freuden; und wo irdische Freuden sind, ist keine Befreiung.« Wer sich aber des Segens der lieblichen Kundalini erfreut, dem gehen irdisches Glück und Befreiung Hand in Hand. Kundalini hat dieses ganze Universum erschaffen und durchpulst auch das letzte Atom. Deshalb sollte es niemand überraschen, daß sie auch das irdische Leben in ihre Obhut nehmen kann, das doch ein Teil ihrer eigenen Schöpfung ist.

Viele der großen Heiligen in der Kette der Siddhas waren Familienväter, die voll im normalen Leben standen und Gott erlangten, während sie ihren täglichen Aufgaben nachgingen. Siddha-Yoga ist nicht nur zur Befreiung da, es schenkt ebenfalls irdisches Glück und erfüllt die innersten Wünsche. Es ist tatsächlich das Füllhorn, das unsere Lebenswünsche erfüllt.

STUFEN DER INNEREN ENTFALTUNG

In der *sushumna* verteilt liegen sechs *chakras*, spirituelle Zentren, welche den Weg blockieren, auf dem Kundalini bis zur *sahasrara* aufsteigen muß. Im Laufe ihrer Entfaltung öffnet Shakti alle diese *chakras*. Die Schriften beschreiben die genaue Lage der sechs *chakras:* Die *muladhar*, nahe dem Anus, *svalisthana* zwischen Sexualorgan und Nabel, *manipura* im Nabel, *anahata* im Herzen, *vishuddha* in der Kehle, schließlich das *anja chakra* zwischen den beiden Augenbrauen.

Diese sechs *chakras* können nur durch Yoga und Meditation wahrgenommen werden. Durch Anatomie sind sie nicht auffindbar. Weil sie subtil sind, hat noch kein Wissenschaftler diese *chakras* mit seinen Apparaten erfassen können. In der Meditation wirst du sie jedoch wahrnehmen können, wenn Kundalini in der *sushumna* aufsteigt.

Chit Kundalini

Sobald Prana-Kundalini die unteren *chakras* gereinigt und geöffnet hat, steigt sie zum Herzen auf. Hier wird sie *Chit Kundalini* genannt, und wenn *Chit Kundalini* ihre Tätigkeit aufnimmt, werden subtile Erfahrungen eintreten und innere Reinigungsprozesse stattfinden. Jetzt, nach Aktivierung der *Chit Kundalini*, beginnst du die verschiedenen *inneren* Ebenen zu erfahren. Wenn Kundalini diesen Punkt erreicht hat, löst sie Welle auf Welle innerer Glückseligkeit aus, so daß du von grenzenloser Liebe zu Gott überquillst. Während der Meditation wirst du nun ein wunderbares Leuchten in deinem Herzen wahrnehmen. Dort befindet sich auch ein Zentrum der Erkenntnis, so daß Erkenntnis von selbst in dir entstehen wird, sobald du diese Stufe erreicht hast. In diesem Stadium treten auch andere Fähigkeiten, wie Hellhörigkeit und Hellsichtigkeit von selbst auf, und Heilkräfte werden dir unwillkürlich zuwachsen.

All dieses schreibe ich aus eigener Erfahrung nieder: Dinge, die mir selbst während meines *sadhana* widerfuhren, nachdem meine Kundalini aus der Segensfülle meines Guru erweckt worden war. Meditation tritt jetzt spontan ein. Der Geist braucht jetzt nicht mehr auf einen Punkt zentriert zu werden, denn nun greift Kundalini selbst danach und konzentriert ihn auf was immer sie für gut befindet. Indem die Meditation sich mehr und mehr vertieft, begegnen einem unzählige subtile Erfahrungen.

Da ist z. B. der sogenannte *tandra*-Zustand, in den man unter Kundalinis Führung von selbst hineingleitet. Im *tandra* treten Visionen auf von Gebirgen, Flüssen, Göttern, Heiligen und von anderen Regionen. *Tandra* ist dem Schlafzustand ähnlich, ist aber grundverschieden vom Traumzustand. Diese *tandra*-Visionen sind nicht wie Halluzinationen oder Traumbilder, sondern sie sind genauso wirklich, genauso tatsächlich wie die Dinge, die unsere physischen Augen erblicken. Solche Visionen haben oft Ereignisse der Außenwelt zum Gegenstand, die sich nachträglich als wahr erweisen. Tatsächlich kann man im *tandra*-Zustand das gesamte Universum wahrnehmen, während man mit geschlossenen Augen dasitzt. Mitunter nimmt man auch das gesamte System des Körpers mit Venen, Arterien und Verdauungskanälen in vielfarbigem Licht wahr, das sich durch alle *nadis* ausbreitet. Man kann sogar das *prana* mit zunehmender Intensität hindurchströmen sehen, während die Reinigung des Körpers fortschreitet.

Während ich auf der *tandra*-Stufe meditierte, habe ich viele verschiedene Welten durchwandert. In Meditation suchte ich die Region des Mondes auf, die Region der abgeschiedenen Seelen, die Bereiche des Himmels und der Hölle und die Ebene der Siddhas, die von den großen Heiligen und Propheten der verschiedensten Religionen bewohnt war. Im Anschluß an diese Erlebnisse wurde mir klar, daß die Beschreibungen der verschiedenen Existenzebenen vollkommen wahr sind, von denen man in den heiligen Schriften und Überlieferungen erfährt. Doch sind diese Welten äußerst subtil, mit irdischen Augen nicht wahrnehmbar.

Es ist auch gar nicht überraschend, daß man so viele Welten erleben kann, denn das Unendliche Bewußtsein hat die Fähigkeit, unendlich viele unendliche Universen zu erschaffen. Bei meinem zweiten Amerikabesuch traf ich mit einem Astronauten zusammen, der auf dem Mond gewesen war. Ich wies darauf hin, daß er mit geschlossenen Augen auf seinem Stuhl sitzend viele verschiedene innere Welten aufsuchen könne, wenn er gelernt habe zu meditieren. Auf dem äußeren Wege zum Mond zu gelangen, braucht viel Zeit, Mühe und Kosten. Wenn sich aber die innere Shakti entfaltet und du dich nach innen wendest, kannst du in einer halben Sekunde dort sein. In der Außenwelt mag das alles sehr entlegen sein, aber in der Innenwelt sind alle diese Regionen sehr nahe. Ein Kurzwellenempfänger ist ein gutes Beispiel dafür. Dreht man den Knopf nach der einen Seite, erhält man die Nachrichten aus Bombay. Dreht man eine Kleinigkeit weiter, bekommt man das Neueste aus New York. Mit dem Flugzeug würde man vierzehn bis fünfzehn Stunden brauchen, um diese Nachrichten zu erhalten, im Radio hingegen genügt eine halbe Sekunde. Ebenso könnt ihr jene Bereiche augenblicklich erreichen, wenn Kundalini erwacht ist.

Viele andere subtile Erfahrungen begegnen dem Meditierenden, wenn Kundalini durch die *sushumna* aufsteigt. Nicht jeder Meditierende wird alle oder die gleichen Erfahrungen machen, da sie je nach seinem Temperament, auch nach dem Maß seines Glaubens und seiner Hingabe variieren. Immerhin werden sich einige dieser Erfahrungen zuverlässig jedem enthüllen, wenn er unter der Führung eines Vollkommenen Meisters ernsthaft meditiert. Verständnis, Vorstellungskraft und die ganze Persönlichkeit des Meditierenden werden durch diese Erfahrungen allmählich transformiert.

Das Ajna Chakra

Indem nun *Chit Kundalini* weiter aufsteigt, werden alle unteren *chakras* nacheinander geöffnet, bis die Wahrnehmung den Punkt zwischen den Augenbrauen erreicht. Dieser wird *ajna chakra* genannt. Dieses *chakra* wird auch als der Sitz des Guru bezeichnet. *Ajna* bedeutet »Anweisung« oder »Befehl«. Ohne die Anweisung des inneren Guru wird Kundalini sich nicht über diesen Punkt hinaus erheben. Wenn sich dies *chakra* erschließt, erlebst du das Aufgehen deines Gemüts in dem größeren Bewußtsein. Das Gemüt wird still, der Geist gesammelt, die Unruhe der Gedanken weicht einer stillen Ruhe. Dies ist der Beginn des letzten Abschnitts unseres *sadhana*, der uns zum höchsten Ziel führt. Ist das *ajna chakra* geöffnet, steigt Kundalini zur *sahasrara* auf.

DIE LÄUTERUNG DER SINNE

Im Zuge ihrer weiteren Entfaltung dringt Kundalini von einem Sinnesorgan zum nächsten vor, läutert es und verleiht ihm neue Energien.

Ehe die feinstofflichen Zentren *(chakras)* der Sinnesorgane gereinigt sind, arbeiten sie in der üblichen Weise; nachdem sie aber durch Kundalini gereinigt und erschlossen wurden, wachsen ihnen göttliche Fähigkeiten zu, und auch auf der physischen Ebene werden sie geschärft und verfeinert sein. Wenn Kundalini das Augen-*chakra* erreicht, reinigt sie die Augen durch einen Vorgang, der *bindu-bheda* genannt wird. Sie durchdringt die Pupillen, und nun gewinnen die Augen eine ganz neue Fähigkeit, Dinge aus sehr großer Entfernung klar wahrnehmen zu können. Hat *bindu-bheda* seine Aufgabe erfüllt, kann man das Universum sehen wie es wirklich ist: Als eine Fülle hellblauen Lichts, unablässig sprühend und schimmernd, das jedoch für die physischen Augen nicht wahrnehmbar ist. Dies subtile blauweiße Leuchten schimmert überall durch, ähnlich dem nachschwingenden Lichteffekt nach einer Blitzlichtaufnahme. Es handelt sich dabei also nicht um eine ständige, gleichmäßige Helligkeit, sondern um ein Leuchten wie aus lauter Funken, die unablässig schimmern und schillern.

Wenn Kundalini alsdann den Tastsinn erreicht, der uns das Gefühl der Berührung vermittelt, beginnt Wonne jede Pore unseres Körpers zu erfassen, daß man darin versinkt.

Erreicht Kundalini den zwischen den Augenbrauen befindlichen Geruchssinn, führt dessen Reinigung eine direkte Verbindung zur subtilen Essenz des Geruchs herbei. Nach den indischen Überlieferungen wurzelt das Erd-Prinzip in der subtilen Essenz des Geruchs, so daß alle unsere Nährstoffe, Pflanzen und Blumen ihren Duft auf diese gemeinsame Essenz zurückführen. Wenn Kundalini sich in diesem Zentrum paradiesischen Duftes etabliert, werden derart feine Düfte freigesetzt, daß man davon überwältigt ist. Kein Duftstoff unserer äußeren Welt ist solchem Wohlgeruch vergleichbar.

Trifft Shakti auf das *chakra* des Gehörs, so läutert sie es durch einen Prozeß, der als *karna-bheda* bezeichnet wird. Ist dies Zentrum gereinigt und geöffnet, so heben jene himmlischen Harmonien an, welche den oberen Bereich der *sahasrara* erfüllen, jenes spirituellen Zentrums am Scheitelpunkt des Kopfes. Diese inneren Klänge sind es, für die das Wort von der »Musik der Sphären« geprägt wurde. Alle äußere Musik ist nur ein Versuch, diese inneren Harmonien nachzubilden. Weder die größten Musiker noch die vortrefflichsten Instrumente können diesen himmlischen Harmonien nahekommen.

Während man diesem köstlichen *nada* lauscht, hebt das Grollen eines inneren Donners an und *khechari mudra* tritt ein, wobei die Zunge sich nach hinten aufrollt, bis in den Nasenkanal hinein. Dies *mudra* hat größte

Bedeutung. Es gibt Yogis, die sich mehr als fünfzehn Jahre um *khechari mudra* bemüht haben, die versucht haben, durch Ziehen an der Zunge, sogar durch Einschnitte mit einem Rasiermesser nachzuhelfen und doch *khechari mudra* nicht haben erlangen können. Es gibt da einen Knoten in der *sushumna,* und zwar im Schädelbereich, der *rudra granthi* d. i. Rudra-Knoten, genannt wird. Dieses *chakra* öffnet sich, wenn es während *khechari mudra* von der Zungenspitze berührt wird. Dies ist das Signal, auf das die erwachte Shakti in die *sahasrara* aufsteigt, dem Sitz Shivas, mit dem sie sich jetzt vereinigt. Ist das alles geschehen, beginnen *samadhi*-Zustände einzutreten; nun kann der Yogi den himmlischen Nektar kosten.

In der äußeren Atmosphäre folgt dem Donner meist Regen nach. In den inneren Bereichen geschieht ähnliches. Wenn der innere Donner grollt und *khechari mudra* sich eingestellt hat, regnet es den inneren Nektar. Hinter der Stirn liegt eine Drüse, welche diesen Nektar enthält, er wird während des *khechari mudra* freigesetzt und tropft auf die Zungenwurzel. Berührt der innere Nektar die Zunge, werden die Geschmackszellen auf das äußerste verfeinert; auch die einfachste

Speise wird himmlisches Aroma entwickeln. Der Nektar (in seiner subtilen Substanz) verbreitet sich weiter abwärts bis in das Sonnengeflecht (Solarplexus). Von dort verteilt er sich über das ganze Nervensystem. Er gibt dem Körper so viel Nahrung in subtiler Form, daß der Körper fortan nur wenig Speise benötigen wird.

So läutert Kundalini jedes einzelne der fünf Sinnesorgane und stattet jedes mit höheren Kräften aus. Um diese über-sinnlichen Kräfte zu entwickeln, verordnen die yogischen Überlieferungen bestimmte auf die einzelnen Sinnesorgane ausgerichtete Konzentrationstechniken. In Siddha-Yoga sind solche Konzentrationspraktiken jedoch unnötig, da Kundalini in diesem Yoga von sich aus jedes Sinnesorgan auf natürliche Weise reinigt. Shakti verleiht dem Yogi Herrschaft über die Sinne. Jetzt wird der Yogi nicht mehr durch äußere Sinnesobjekte beunruhigt; er wurzelt jetzt fest in seiner eigenen Natur und lebt in völligem Einklang mit sich selbst. Auf dieser Stufe wird *pratik darshan* erfahren, d. i. die Vision der eigenen Gestalt. Dies Phänomen hat entscheidende Bedeutung. Es zeigt an, daß der Körper nunmehr völlig geläutert ist.

AM ZIEL

Im Zentrum der *sahasrara* liegt ein Dreieck, das in der Meditation wahrgenommen werden kann; im Mittelpunkt dieses Dreiecks ist der Sitz Shivas, auch als der Sitz des Höchsten Guru bezeichnet. Dies ist der Zielpunkt für Kundalinis Wanderung. Hat Kundalini die *sahasrara* erreicht, wird sie nunmehr *Parakundalini* genannt, die »Höchste Kundalini«. Hier, in der Einheit mit Gott, gibt sie ihr Spiel auf, und indem sie dies tut, läßt sie die Wahrnehmung in dir aufsteigen, daß alles ein Schauspiel Gottes ist. Dies ist die reine Erkenntnis, im Shaivismus als *shudha vidya* bezeichnet; die *Shiva Sutras* lehren, daß derjenige Göttlichkeit erlangt hat, dem diese reine Erkenntnis zuteil geworden ist.

Mit dem Eintritt von Kundalini in die *sahasrara* beginnt der Yogi einen himmlischen Strahlenglanz wahrzunehmen. Dies Licht ist heller als tausend Sonnen, doch statt der Hitze der Sonnenstrahlen geht Kühlung von ihm aus. Dies Licht ist so stark, daß du es nicht ertragen kannst, wenn es sich dir darbietet. Als sich diese Leuchtkraft in mir erschloß, fiel ich zu Boden, denn ich konnte seine Stärke nicht ertragen. Im Mittelpunkt dieses

Strahlenglanzes befindet sich ein Lichtpunkt von zauberhafter Schönheit, die Blaue Perle. Mit sich vertiefender Meditation beginnt man sie wahrzunehmen, sprühend und schimmernd. Manchmal tritt sie direkt aus den Augen heraus und steht dann mitten vor dir. Sie bewegt sich mit der Geschwindigkeit des Blitzes, und sie ist so subtil, daß das Auge ihren Durchgang nicht spürt, weder bei ihrem Eintritt noch bei ihrem Austritt.

Die Wahrnehmung der Blauen Perle ist die wichtigste, die größte aller von mir beschriebenen Erfahrungen. Wenigstens einmal sollte jeder die Blaue Perle erblicken. Die Schriften bezeichnen die Blaue Perle als »das göttliche Licht des Bewußtseins«, das in jedem Menschen schlummert. Dies ist die tatsächliche Gestalt des Selbst, unsere innerste Realität, die Gestalt Gottes in uns. Die Blaue Perle ist feiner als das subtilste. Ihre Größe ist die einer Sesamsaat. Aber trotz ihrer Winzigkeit ist sie ungeheuer groß, denn sie enthält das gesamte Universum einschließlich aller darin enthaltenen Manifestationen. Die Saat des Banyanbaumes, der einer der größten Bäume der Erde ist, ist so winzig, daß nichts übrig bleibt, wenn du sie zwischen zwei Fingern zerdrückst. Säst du ihn aber aus, so wird ein riesiger Banyanbaum aus ihm erwachsen und dieser wird unendlich viele neue Saatkörner hervorbringen. Ebenso trägt die Blaue Perle in sich Millionen und Abermillionen Universen. Die Blaue Perle enthält den gesamten Kosmos.

Nachdem er diese Tatsache selber erfahren hatte, schrieb Tukaram Maharaj, einer der großen Heiligen Indiens, »der Herr des Universums hat sich ein winziges Haus von der Größe eines Sesamkorns erbaut und lebt darin. Alle Götter - Brahma, Vishnu und Mahesh – kommen in diesem winzigen Hause unter.«

Warum meditieren? Warum die innere Shakti erwecken? Die Antwort lautet: »Um diese Blaue Perle zu erblicken. Sie ist das Ziel unserer spirituellen Reise. Die Blaue Perle beendet deine Gebundenheit und läßt dich deine Vollkommenheit erkennen.«

Du solltest systematisch und regelmäßig meditieren. Es mag sein, daß dir im ersten Jahr keine bedeutenden Erfahrungen begegnen werden, ebenso im zweiten und vielleicht im dritten Jahr – aber wenn du nicht aufhörst zu meditieren, wirst du mit Sicherheit die Blaue Perle eines Tages erleben. Hab es nicht eilig damit. Schließlich arbeitet man

Jahre, um einen akademischen Grad zu erlangen. Wenn Shakti alle seine Aufgaben erfüllt und dich gründlich gereinigt hat, wirst du die Blaue Perle erblicken. Sie wird in der Meditation vor dir auftauchen. Aber es ist nicht das Ziel deiner Meditation, die Blaue Perle nur zu erblicken: sie muß stetig werden. Sofern du echte Sehnsucht nach Gott empfindest, wahre Ergebenheit zu deinem Guru, volles Vertrauen zu Kundalini, so wird der Tag kommen, an dem du die Blaue Perle ruhig und still, direkt vor deinen Augen erblicken wirst. In ihr wirst du Gott sehen in derjenigen Gestalt, die du am meisten liebst. Liebst du Ram, wirst du Ram sehen. Liebst du Krishna, wirst du Krishna sehen, liebst du Jesus, wirst du Jesus erblicken. In unserer Überlieferung wird sehr viel Wert auf die persönliche Form Gottes gelegt; diese Erfahrung wird als die »Wahrnehmung Gottes in gestalteter Form« bezeichnet.

Eines Tages, als sich meine Meditation ihrem Höhepunkt näherte, begann die Blaue Perle sich auszudehnen, bis sie die Größe eines menschlichen Wesen hatte. Die Gestalt dieses Wesens war nicht aus Fleisch und Blut, sondern bestand aus blaustrahlendem Licht, dem Blauen Licht des Bewußtseins. Die Erscheinung war von unsagbarer Schönheit. Sie stand vor mir, schimmerndes Bewußtsein. Überwältigt staunte ich sie an. Die Gestalt gab mir ein Zeichen mit den Augen und begann zu sprechen: »Ich sehe alles von überall. Ich sehe mit den Augen, ich sehe mit der Nase, ich habe Augen allerwärts.« Sie hob den Fuß und sprach: »Ich sehe mit diesem Fuß. Ich habe überall Zungen. Ich spreche mit allen Teilen meines Körpers, nicht nur mit der Zunge. Ich bewege mich wohin ich will. In einem Augenblick kann ich überall sein. Ich gehe ohne Füße und greife ohne Hände. Ich spreche ohne Zunge und sehe ohne Augen. Ich bin das Fernste und auch das Nächste. Ich bin der Körper in allen Körpern und bin doch vom Körper verschieden und unberührt.«

Die Blaue Gottheit gab mir einige Hinweise und erteilte mir ihren Segen. Dann zog sich die Gestalt wieder zur Blauen Perle zusammen und trat wieder in mich ein.

Ich begriff, daß sich das Höchste Unmanifestierte Wesen für mich manifestiert hatte, von dem die *Gita* sagt: »Er hat Hände und Füße allerwärts. Er hat Augen, Köpfe, Gesichter nach allen Seiten. Alldurchdringend, existiert er in allem.« Dies ist das Göttliche Wesen, das die Wahrnehmung Gottes in Gestalteter Form gewährt. Das gleiche Blaue Wesen erteilt den Befehl, ein Guru zu werden. Nur wer von seinem eigenen Guru und von diesem den Befehl dazu erhalten hat, kann ein Guru werden.

Die Vision des Blauen Wesens ist nicht das Ende des *sadhana*. Wenn du immer weiter meditierst, wieder und wieder, so wird die Blaue Perle eines Tages explodieren, ihr Licht wird das Universum erfüllen, und du wirst dich selbst als alles-durchdringend erkennen. Dies Erlebnis ist der Höhepunkt des *sadhana*, die höchste Erfahrung. In diesem Stand verläßt dich dein eigenes Körperbewußtsein und du gehst in Gottes Körper auf. In diesem Zustand trunkenen Aufgehens in seiner eigenen Göttlichkeit rief der große Sufi-Heilige Mansur Mastana aus: »Analhaq – Ich bin Gott.« Es war im Anschluß an das gleiche Erlebnis, daß der große Shankaracharya mit absoluter Überzeugung erklärte: »Ich bin Shiva.«

Die Wahrheit ist, daß dieser menschliche Körper der Tempel Gottes ist. Es gibt keinen größeren Tempel als diesen menschlichen Körper. Darüber sollte jeder nachsinnen, und begreifen, *daß Gott in ihm ist.* Du sagst: »Dies ist mein Besitz«, oder »dies ist mein Haus«; so mußt du dir durch Meditation das Recht erwerben, zu sagen: »Gott ist in mir.«

Tukaram Majaraj sagt: »Ich suchte Gott überall, fand ihn aber nicht. Ich selbst wurde Gott. In diesem Körper hat Gott sich mir enthüllt.« Das ist völlig wahr.

Dies ist die Erkenntnis, die sich einstellt, wenn Kundalini in der *sahasrara* aufgeht. Dies ist Parabhakti, der Zustand höchster Hingabe, in der es weder den Suchenden, noch Gott, noch Welt gibt, sondern nur eines, einzig Einheit . . . Wie ein Strom nach langer Zeit des Fließens schließlich im Meer aufgeht und zum Meer wird, so wirst auch du völlig in Gott Versenkung finden, sobald Kundalini ihre Arbeit beendet und in der *sahasrara* Ruhe gefunden hat. All deine Unreinheiten, deine Schwächen und Hüllen sind nun abgelöst; im Selbst hast du völlige Ruhe gefunden. Die Schleier, die dich überall Dualität erblicken ließen, sind geschwunden. Du erlebst nun die Welt als Kundalinis glückseliges Schauspiel, ein Spiel göttlicher Energien. Du siehst das Universum als höchstes gesegnetes Licht, in nichts von dir unterschieden, und du stehst felsenfest in dieser Erkenntnis. *Das* ist der Zustand der Befreiung, der Stand der Vollkommenheit.

Wer solchen Stand erlangt hat, braucht seine Augen nicht mehr zu schließen und sich nicht mehr in einen einsamen Winkel zurückziehen, um in *samadhi* zu gelangen. Gleichgültig, ob er meditiert, ißt, badet, schläft, ob er allein ist oder in Gesellschaft anderer – er lebt in dem Frieden und der Freude des Selbst. Alles was er sieht ist Gott, alles was er hört ist Gott, was immer er schmeckt, ist Gott, was immer er spricht, sind Worte Gottes. Mitten im täglichen Leben empfindet er die Zurückgezogenheit einer Höhle, mitten unter den Menschen erlebt er seliges *samadhi.* Das ist es, was die *Shiva Sutras* mit *Lokananda samadhi sukham* »ausdrückt«: »Die wahre Seligkeit ist die Entrückung im Samadhi.«

Deshalb sollten wir meditieren und die Erweckung unserer Kundalini suchen. Wir meditieren nicht, um Gott zu erlangen, denn wir haben ihn bereits erlangt. Wir meditieren, um Gott zu erfahren, der in uns manifestiert ist. Diese Erkenntnis ist die Errungenschaft des Siddha-Yoga, die Frucht des inneren Yoga, welches anhebt, sobald Kundalini durch die Segenskraft eines vollkommenen Meisters erweckt worden ist.

Deshalb sage ich jedem: *»Meditiere über dein Selbst, verehre und achte dein Selbst, denn Gott wohnt in dir, als du.«*

NACHWORT

Beim Besuch eines Kernspaltungs-Labors führte man Muktananda die Umwandlung von Materie in Energie vor. Am Schluß des Rundgangs veranlaßte ihn der Leiter des Instituts, aus einer Höhe von etwa 6 Metern auf den Boden eines Zylinders hinunterzublikken, dessen Durchmesser ca. 100 cm zu betragen schien. Zu sehen war darin nur eine sehr helle weißblaue Strahlung. »Das ist Energie. Alle Materie besteht aus Energie«, wurde ihm erläutert.

»Oh, der *Jnani* (der erkennende Mystiker) und der *Vijnani* (Naturwissenschaftler) haben zusammengefunden«, entgegnete Muktananda mit einer leichten Verbeugung zu dem Direktor der Anlage hin – »wir Jnanis sagen, die Welt sei aus *shakti* erschaffen, d. i. Bewußtseins-Energie, die, wenn sie Farbe annimmt, in leuchtendem Weißblau strahlt.«

Dieser Vorfall zeigt, was heute vor sich geht. Allmählich löst sich der Zwiespalt zwischen empirischer Wissenschaft und den uralten Überlieferungen, der in den volkstümlichen Vorstellungen heute noch allgemein besteht. Ein sicheres Zeichen dafür ist der kulturelle Austausch zwischen Ost und West, wie er heute allgemein spürbar ist. Die Fortschritte der einen und die Einsichten der anderen Seite kommen einander näher, obschon zu einem manchmal recht widersprüchlichen Bild. Missionarische Ideen auf dem Gebiet der Religion, Technologie, moderne Vorstellungen von persönlicher Freiheit, Sex- und Drogenmißbrauch und andere für die westliche Lebensform charakteristische Verhaltensweisen sind in den Osten gewandert, während andererseits die heiligen Bücher mit ihrem Begriff eines kosmischen Bewußtseins, mit uralten Yogatechniken zur Erlangung von Erkenntnis, sowie ein östlicher Lebensstil und östliche Religionsanschauungen in den Westen eingedrungen sind. Muktananda scherzt: »Die Zeit wird kommen, da wir nach Westen reisen müssen, um Yoga zu lernen.«

Tatsächlich haben indische Verleger noch nie so viele Bücher exportiert wie heute, besonders nach Amerika, wo die Kenntnis der alten indischen Philosophien in großem Maße gefragt ist.

Aber es geht um mehr. Nachdem sie durch Bücher und östliche Lehrer mit den Erkenntnissen östlicher Weisheit in engere Berührung gekommen sind, werden diese Einsichten jetzt von westlichen Lehrern in einer der westlichen Denkweise entsprechenden Sprache neu formuliert. Wo es tunlich erscheint, werden Zusätze und Abstriche vorgenommen, zeitgemäße Analogien herangezogen. Eine spirituelle Wissenschaft, eine Art »verwestlichter Einsichten des Ostens «, mit entsprechender eigener Terminologie, hat sich im Westen herausgebildet. Anstatt die östliche Weisheit in ihrer Ganzheit zu übernehmen, nimmt man Teile davon aus ihren Zusammenhängen heraus und veröffentlicht sie in einer dem rationalen Verstand angepaßten Form. So werden überliefertes Wissen, alte Erkenntnisse verfälscht oder in einen falschen Jargon gebracht. Z. B. wird die subtile Tantra-Lehre sex-bezogen entstellt und der im Kosmischen Bewußtsein verankerte Meister als eine Art Psychotherapeut hingestellt. All dies entsteht durch den Übergang von Begriffen aus einer Kultur in die andere.

Wachsendes Interesse ist auch zu vermerken hinsichtlich der verschiedenen Aspekte des Bewußtseins und deren Erforschung. Als Muktananda 1970 zum ersten Male Amerika besuchte, war ein erwachtes Interesse für den Zusammenhang von Bewußtsein und Energie in ihren verschiedenen Aspekten bereits deutlich erkennbar, und zwar sowohl bei spirituell Suchenden als auch bei manchen Wissenschaftlern. So lud eine Gruppe klinischer Psychologen Muktananda zu einem Besuch in ihr Institut ein, um ihn mit ihren Instrumenten zu testen und dadurch Funktionsdaten hinsichtlich seines mentalen Zustandes zu erhalten. Bei anderer Gelegenheit kamen drei Forscher mit allerlei Aufzeichnungsgerät, um von Muktananda Unterstützung bei einem Experiment zu erbitten, bei dem sie die Bewegungen der Kundalini im Hirnbereich beim Auftreten bestimmter Arten von yogischen *kriyas* aufzeichnen wollten.

Diese Art, sich dem Phänomen der Spiritualität wissenschaftlich nähern zu wollen, ist ein Tanz zwischen Gott und Maschine. Der Glaube an das Göttliche ist durch den Glauben an die Technik ersetzt worden. Der Mensch möchte Gott mit Apparaten einfangen.

Es ist ein Aspekt empirischen Denkens, daß heute mehr Wert und Gewicht auf die persönlichen Erfahrungen gelegt wird als auf überliefertes Wissen. Dies ist ein Zeitalter der persönlichen und miteinander-geteilten Erfahrungen. Ohne eigene persönliche Erfahrung will niemand etwas als wahr hinnehmen. Die persönliche Erfahrung bildet die

Grundlage des Glaubens, der dann jeweils aus der eigenen, subjektiven Interpretation dieser Erfahrungen hervorgeht. Gruppen sind entstanden, die aufgrund ihrer eigenen Interpretation solcher Erfahrungen ein System entwickelt haben; im Rahmen solchen selbstentwickelten Systems bieten sie den Menschen Hilfe an, die auf den eigenen subjektiven Ansichten der Gruppe hinsichtlich gemachter Erfahrungen basiert und dem eigenen Weltbild entspricht.

In welchem Maße sind diese Beobachtungen und die Erklärungen solcher Erfahrungen zuverlässig? Die Unkenntnis mancher Beobachter hinsichtlich der wahren Natur dieser Erfahrungen hat manchmal zur Folge, daß Drogen verabreicht werden oder jemand irrtümlich für geisteskrank gehalten wird. Auch stellt sich eine sachliche Frage hinsichtlich gemachter Erfahrungen: Wer soll beurteilen, ob sie real sind, ob Hirngespinst oder ein Produkt des subjektiven Ego? Auch ist es so, daß in den letzten zehn Jahren, seit einige Information über Kundalini im Westen verfügbar wurde, eine große Vielfalt von »Erfahrungen« aufgezeichnet wurde. Ohne genaue Kenntnis, oder weil jemand es so gesagt hat, werden diese Berichte als »Kundalini-Erwekkung« eingestuft. Eine wahre Kundalini-Erfahrung ist immer nur dann gegeben, wenn sie eine bleibende Wirkung in Form einer positiven Veränderung in der Lebenshaltung des Betreffenden herbeiführt.

Es gibt bestimmte Kennzeichen einer erwachten Kundalini. Ihre Gültigkeit wird durch die Erfahrungsberichte jener großen Persönlichkeiten bezeugt, die schriftlich vorliegen und bei uns als »überliefertes Schrifttum« bezeichnet werden. Diese Schriften werden heute zwar nicht so hoch eingeschätzt, aber man sollte doch wissen, daß es sich dabei um die Form handelt, in der die großen Seher die von ihnen entdeckten Tatsachen und Wahrheiten weitergegeben haben. Diese Wahrheiten haben die Prüfung vieler Jahrhunderte überdauert und verdienen deshalb nicht, leichtfertig beiseite geschoben zu werden. Unabhängig von Zeit, Land, Sprache und Religion haben die großen Weisen die gleiche Wahrheit geäußert, damals und auch heute. Die Wahrheit ändert sich nicht. Sie hat eine lebendige Überlieferung, Heilige sind ihre Wächter. Der große Sufi Mansur Mastana sagte: *analhag,* d. i. »Ich bin die Wahrheit«. Jesus drückte es so aus: »Ich und der Vater sind Eins.« Shankaracharya, der große Lehrer des Vedanta, sagt *shivo'ham*: »Ich bin Shiva«. Die ältesten Schriften der Upanishaden schließlich lehren:

. . . *aham brahmasmi*, d. h. »Ich bin *brahman* (Bewußtsein)«, was alles auf das Gleiche hinauskommt. Weil sie zeitlich sehr weit zurückliegen, und weil es schwierig ist, diese Wahrheiten zu verstehen und zu überprüfen, stufen wir sie als »Überlieferungen« ein. Ähnlich wird man vielleicht das, was wir heute sagen und tun, in ein- oder zweitausend Jahren als die »Überlieferung« bezeichnen. Die wichtigen Bücher unserer Zeit werden die »überlieferten Schriften« einer späteren Epoche sein. Solche überlieferten Wahrheiten mögen oft geheimnisvoll scheinen, mysteriös, aber sie sind es nicht: Sie können überprüft werden. Die großen Meister haben uns den Weg gewiesen, diese Wahrheiten an uns selbst zu erfahren.

Wie wissenschaftliche Erfahrungen heute von jedermann hingenommen werden, ohne daß der einzelne glaubt, das Experiment selbst wiederholen zu müssen, so sollten auch die spirituellen Lehren der großen Meister ernstgenommen werden. Sagt ein Chemiker, daß Wasser aus zwei Teilen Wasserstoff und einem Teil Sauerstoff besteht, so glauben wir es. Wie viele von uns haben geglaubt, es überprüfen zu müssen? Wir verzichten darauf, weil wir es jederzeit tun können. Genau so können wir die Lehren der alten Überlieferungen praktisch überprüfen, wenn wir es wünschen. Nur der Mangel an Geduld und Selbstbeherrschung, unsere Ansprüche hinsichtlich persönlicher Freiheit und unser undisziplinierter Lebensstil haben es für uns schwierig gemacht, jene Experimente selbst durchzuführen und jene Lehren zu praktizieren.

Wenn wir also diese zeitlosen Wahrheiten erlangen wollen, erhebt sich die große Frage: Wie? Wir wünschen die Erfahrung selber zu machen, statt die eines anderen glauben zu müssen. Wir wollen neue und leichte Wege zu den gleichen, zeitlosen Wahrheiten finden und verwerfen die alten Methoden. Es entspricht der menschlichen Natur zu glauben, was man sieht, hört oder selber erfahren hat. Beide Wege, der alte und der neue, geistige Erfahrung und wissenschaftliches Experiment, schlagen scheinbar entgegengesetzte Richtungen ein: Aber sie beschreiben einen Bogen und treffen am gleichen Punkt zusammen. Die Naturwissenschaft z. B. hat die Theorie des »Großen Knalls« entwickelt, derzufolge das Universum als Folge einer großen Explosion entstanden ist. Die Bibel setzt dafür das »Wort«, d. i. die Urschwingung (Vibration); gleichermaßen sagen die alten shaivistischen Schriften, daß »Ton« die Wurzel der Schöpfung sei. Diese Antwort gab es also immer. Wie weit die moderne Wissenschaft mit ihren Methoden auch gelangt ist: Das Geheimnis des Anfangs allen Anfangs und des Endes vom Ende des Universums ist ihr unzugänglich geblieben.

Wie könnte man auch das Unendliche, Vollkommene und Unbegrenzte erkennen mit Hilfe einer Intelligenz, die endlich, unvollkommen und begrenzt ist? Wie könnte man *Das* erkennen durch einen Verstand, den *Das* erschaffen hat? Die alten Weisen sagten: Es entzieht sich dem Wissen. Es kann nur erfahren werden, weil »Das«, »Es«, »Gott«, »Kosmisches Bewußtsein«, »Brahman«, »Nirvana«, »Sartori« und »Tao« ihrer Natur nach *nur in der Erfahrung eines erweiterten Ich-Bewußtseins* wahrnehmbar sind – in der Erfahrung einer erleuchteten, glückseligen Ich-Existenz, eines Selbst, das selbst-existent und der Wesenskern von allem Existierenden ist.

Ebenso wie jede andere Wissenschaft hat

auch die spirituelle Wissenschaft ihre eigenen Methoden, um bestimmte Resultate zu erreichen, und spirituelle Erfahrungen spielen eine wichtige Rolle auf dem Weg zur Erkenntnis der Wahrheit. Das Anhören spiritueller Vorträge kann niemanden spirituell inkliniert machen. Die Hinwendung zur Spiritualität wird durch irgendeine persönliche Erfahrung ausgelöst. Nur sie gibt den Impetus, auf dem Wege fortzuschreiten. Gerade dies wird durch Erwachen der Kundalini herbeigeführt; hierüber informiert Muktananda eingehend in dieser Schrift. Er schreibt aufgrund seiner eigenen Kundalini-Erfahrungen, die mit den überlieferten Schriften und den Aussagen der Heiligen übereinstimmen.

Muktananda gehört der alten indischen Tradition der Siddhas an und hält diese in unserer Zeit aufrecht. Er stützt seine Erläuterungen auf die entsprechenden zitierten Schriftstellen. Er sagt, daß die erwachte Kundalini den Weg zum höchsten Glück weist. Wie das Gesicht eines Menschen uns den Zugang zu seinem Inneren öffnet, so öffnet die erwachte Kundalini uns den Weg zu Gott. Kundalini ist Shakti, göttliche Energie, die uns zu Gott hinführt, dessen Antlitz und Aufenthalt wir nicht wissen. Der einfachste

Weg zur Kundalini-Erweckung ist aber, sie aus der Segenskraft eines Guru zu empfangen, was *Shaktipat* genannt wird. Das ist Siddha-Yoga, die Methode der vollkommenen Meister. Den ernsthaften Sucher führt der Guru unter seinem Schutz gefahrlos auf diesem Weg.

Die keinen solchen Meister gefunden und die von ihm ausgehende Segensfülle nicht erfahren haben, können seine Bedeutung nicht sehen. Die Begrenztheit ihrer eigenen Erfahrung mit Kundalini verleitet dazu, derartige Phänomene wie *Shaktipat* oder überhaupt die Existenz wirklich großer Meister zu bestreiten und zu glauben, daß solche Möglichkeiten nur der Vergangenheit angehören. Dennoch sind wahre Meister immer vorhanden, wenn wir sie nur wirklich suchen. Viele kreuzen ihren Weg, doch ohne zu erkennen, und erklären dann, daß es sie nicht gäbe. Es hat sie in der Vergangenheit gegeben, und auch in der Zukunft werden solche Meister wohl immer vorhanden sein. Ihre Existenz scheint der Grundstruktur der Welt, in die wir gestellt sind, anzugehören. Viele aber glauben, mit Hilfe von Instrumenten, Drogen, und durch Kundalini-Erforschung auf den früher notwendigen Guru verzichten zu können, der zu mühsam ist. Man möchte lieber einen Therapeuten als einen »Guru«.

Auch werden solche Forscher zögern, die Kundalini-Erfahrungen anderer zu akzeptieren, außer ihren eigenen. Diese werden dann Gegenstand ihrer Lehren. Die Wahrheit ist, nach den überlieferten shaivistischen Schriften, die Muktananda in diesem Buch erläutert, daß Kundalini individualisierte und vernichtete Form des Bewußtseins ist, welches sich in allen Namen und Formen des Universums manifestiert hat. Die erwachte Kundalini kann sich daher *in jeder Form und jeder Farbe* manifestieren, und sie sind *alle* gültig. Die Vielfalt dieser Ausdrucksmöglichkeiten ist grenzenlos.

Sie treten als Begleiterscheinung des Erweiterungsprozesses des Bewußtseins auf. Sie stellen Wegweiser auf dem Wege der geistigen Entfaltung dar. In den Lebensberichten der Heiligen lesen wir darüber. Es handelt sich um partielle Manifestation oder ein plötzliches Aufleuchten der absoluten Realität, die sich uns in verschiedener Gestalt, als Licht, Ton, Vision, Extase, Glückseligkeit, Energie usw. mitteilt. Alles dies sind Erscheinungsformen der ungestalteten, formlosen Realität, die sich in gestalteter Form ausdrückt. Muktananda erwähnt bestimmte Manifestationen, die unter die drei wesentlichen Aspekte von Kundalini fallen: Prana-Kundalini, Chit-Kundalini und Para-Kundalini. Selbst allumfassendes Bewußtsein, ist Kundalini der Dimension des Göttlichen zuzuordnen; sie ist bewußt und intelligent, jeder Achtung und Ehrfurcht würdig. Der Begriff »Kundalini« wird indessen oft mißbraucht. Es ist wenig glücklich, wenn moderne Naturwissenschaftler, Physiker und Psychologen die göttliche Energie Kundalini wie jede andere materielle Energie behandeln, wobei sie von unvollständiger überlieferter Information über Kundalini ausgehen. Sie betrachten sie als ein Therapeutikum oder als Kathalysator, als einen Weg zur Freisetzung körperlich-chemischer Substanzen, die ihrerseits organische Veränderungen im Gehirn und Nervensystem herbeiführen. Einige sprechen von der Bio-Energie des Körpers, andere sehen Kundalini aus klinischem Gesichtswinkel. Man spricht auch von Versuchen, ihre Aktivierung durch künstliche Herbeiführung biochemischer Veränderungen im Körper zu erzielen.

Die shaivistischen Schriften, welche die praktischen Möglichkeiten untersuchen, durch die die Höchste Realität erlangt werden kann, und die als höchste Autorität hinsichtlich Kundalini anzusehen sind – das Wort »Kundalini« stammt aus dieser Quelle – sprechen hingegen von Kundalini stets mit größter Achtung als »Göttlichem Bewußtsein«, als Schöpferin des Universums.

Wundervolle Lobpreisungen sind an sie als »göttliche Mutter« gerichtet, als das weibliche Prinzip des immerwährenden Schöpfungsvorgangs. Sie ist allwissend, und ihre der Dimension des Göttlichen zugehörigen subtilen Wirkungen sind nicht der Anatomie, Physiologie oder Psychologie zugeordnet. Das primäre Ziel ihrer Erweckung ist, die Dimension des Göttlichen zu erlangen. Alle sonstigen Wirkungen sind sekundär. Es ist Gott, der sich selbst in dieser Form von Bewußtsein in uns verborgen hat, so daß wir mit ihrer Hilfe zu unserem ursprünglichen, unbegrenzten Zustand zurückkehren können.

Bei uns wird folgende Fabel erzählt: »Vor Anbeginn der Schöpfung war nur Gott. Das war für ihn langweilig. Aufgrund seiner Allmacht erschuf er also die Welt aus sich selbst heraus, um damit spielen zu können. Die Wesen, die er dabei erschuf, kannten indessen ihre Herkunft und wußten daher den Weg zurück. Sie fanden die Welt nicht besonders interessant und kehrten alle zurück in den Himmel zu Gott, der damit nicht besser dran war als zuvor. Schließlich berief er eine Konferenz aller Götter ein, die er erschaffen hatte, damit sie ihm bei der Regierung der Welt behilflich wären. Diese schlugen nun vor, den Himmel abzuschließen und den Schlüssel gut zu verstecken. Der Gedanke schien vorzüglich, nur konnte man sich schwer einigen, wo der Schlüssel versteckt werden sollte. Viele Vorschläge wurden gemacht, aber die menschlichen Wesen waren sehr intelligent und würden den Schlüssel sicherlich zu finden wissen. Einer empfahl als Versteck den Pazifischen Ozean, wo er am tiefsten ist, ein anderer die Spitze des Himalaya, der dritte empfahl den Mond, den die Menschen sicherlich nicht erreichen können. Da jeder eine andere Meinung hatte, setzte Gott sich zur Meditation, um sich die Zukunft anzusehen. Dann schüttelte er den Kopf. Keiner eurer Vorschläge ist brauchbar. Jeden Winkel des Universums wird der Mensch auskundschaften, nicht nur die Gipfel des Himalayas und die Tiefen der Meere; er wird auch auf dem Mond landen, sich die

Planeten genau ansehen und durch schwarze Löcher andere Universen aufsuchen.‹ Alle schwiegen. Aber schließlich rief Gott aus: ›Ich hab's! Jetzt weiß ich, wo der Mensch niemals den Himmelsschlüssel suchen wird. Jede Entfernung im Raum wird er zurücklegen, aber niemals wird er zwei Schritte in sich selbst hineingehen, um sein eigenes inneres Sein zu ergründen.‹ Das schien so wahr, daß alle Götter zustimmten. Und Gott hat seither ein unendliches Vergnügen, die Menschen bei ihrer Suche nach dem Glück zu beobachten.«

Nur die hohen verwirklichten Persönlichkeiten – wie Muktananda Paramahamsa – haben diesen Schlüssel zur Selbstverwirklichung erlangt und helfen anderen, ihn zu finden.

»Was außen ist, ist auch innen«, erklärt Muktananda aus seiner eigenen Erfahrung heraus. Das gesamte Universum, alle Erkenntnis, die Antworten auf alle Geheimnisse der menschlichen Existenz und wahres Glück liegen im Menschen selbst; durch die Erwekkung seiner Kundalini werden sie ihm zugänglich.

New York, im Juni 1979

Swami Prajnananda (Amma)
ehem. Professor an der Universität Bombay

WORTERLÄUTERUNGEN

Ananda: Glückseligkeit.

Ashram: geistige Wohngemeinschaft, meist am Wohnsitz eines Lehrers oder eines Heiligen.

Baba: auch *Babaji* – liebevoller Ausdruck für einen Lehrer; bedeutet eigentlich „Vater".

Chakra: Zentrum subtiler Energie im Körper.

Chiti: auch *Chitshakti, Kundalini, Mahamaya, Parashakti, Shakti:* bewußte göttliche Energie, der dynamische Aspekt des Absoluten; im Indischen auch als Göttinnen personalisiert.

Darshan: einen Heiligen (auch ein heiliges Bild oder Statue) aufsuchen und (in subtiler Form) seinen Segen empfangen.

Diksha: Einweihung, Segensgeschenk.

Gita: wörtlich: Lied (Teile der indischen heiligen Schrift); im allgemeinen auf die *Bhagavad Gita* bezogen.

Hatha-Yoga: derjenige der wichtigsten Yoga-Pfade, in dessen Vordergrund die Beherrschung des Körpers und seiner Funktionen steht.

Japa: Wiederholung eines der Namen Gottes oder eines *Mantra* (laut oder gedanklich).

Jnana: Erkenntnis (des Absoluten). *Jnani:* ein Weiser; ein Suchender auf dem Pfad der Erkenntnis *(Jnana-Yoga).*

Karma: Kraft der Auswirkungen unserer Handlungen in dieser oder früheren Lebensrunden; die aus der Summe unseres vergangenen Tuns hervorgehende Aufgaben- bzw. Problemstellung.

Kriya: unwillkürliche, spontane Bewegungen, die sich in demjenigen einstellen, der Shaktipat empfangen hat. Sie bewirken Reinigung. Kriyas können auf allen Ebenen stattfinden: Von der relativ groben körperlichen Bewegung bis hin zum subtilsten innerlichen Erlebnis.

Kundalini: (s. Chiti usw.) bewußte Energie, die Schöpfungskraft des Universums, die in jedem Menschen latent ruht; sie kann von einem Siddha-Guru durch Shaktipat erweckt werden.

Mantra: heilige Silbe, Wort, Name Gottes oder Silbenfolge (Schwingungsworte), welche mit geistiger Energie geladen sind und die Macht zur Umwandlung dessen haben, der sie – laut oder gedanklich – stetig wiederholt.

Mudra: bestimmte Yoga-Haltungen, -Gebärden, -Gesten.

Muladhara: das Chakra an der Wurzel des Rückrats, der Sitz bzw. Ausgangspunkt von *Kundalini.*

Nadi: subtile Nervenstränge bzw. Kanäle, welche *Prana* (Lebensenergie) im Körper verteilen.

Prana: subtile Lebensenergie. *Pranayama:* Atembeherrschung, Atemübungen.

Sadhaka: ein Suchender.

Sadhana: der Weg geistiger Schulung bzw. Selbsterziehung. Die Zeitspanne zwischen Einweihung und endgültiger Verwirklichung.

Sahasrara: das tausendblättrige Lotus*chakra* am Scheitelpunkt des Kopfes; Sitz *Shivas.*

Samadhi: Zustand meditativer Einheit mit dem Absoluten.

Shakti: s. *Chiti.*

Shaktipat: Übertragung der geistigen Kraft *(Shakti)* vom Guru zum Schüler zwecks spiritueller *(Kundalini-)* Erweckung.

Shiva: in der hinduistischen Dreieinigkeit ist *Shiva* der Höchste Gott in seinem Aspekt als Erneuerer.

Sushumna: subtiler Zentralstrang in der Mitte des Rückgrats (s. *nadi).*

Upanishad: Teile der Vedas.

INHALT